Découvrez l'histoire par les archives de presse

RETRONEWS

Le site de presse de la BnF

www.retronews.fr

ANNALES

DE LA

SOCIÉTÉ ARCHÉOLOGIQUE ET HISTORIQUE

DES CÔTES-DU-NORD.

ANNALES

DE

LA SOCIÉTÉ

ARCHÉOLOGIQUE ET HISTORIQUE

DES CÔTES-DU-NORD.

N° I.

SAINT-BRIEUC,

CHEZ L. PRUD'HOMME, IMPRIMEUR-LIBRAIRE.

1842.

ANNALES

DE

LA SOCIÉTÉ

ARCHÉOLOGIQUE ET HISTORIQUE

DES CÔTES-DU-NORD.

N° 1.

SAINT-BRIEUC,

CHEZ L. PRUD'HOMME, IMPRIMEUR-LIBRAIRE

1842.

Toutes les personnes qui recevront ce premier numéro des Annales de la Société Archéologique et qui n'en feraient pas encore partie, sont priées de le considérer comme une invitation à s'y adjoindre et à enrôler ceux de leurs amis dont la science, les conseils et l'appui pourraient être de quelque secours à la Société.

Elles peuvent adresser leur adhésion à l'un des membres du bureau, quel qu'il soit, afin que leur admission soit proclamée dans la première séance et insérée au premier bulletin.

MM. les membres qui désirent recevoir à domicile les numéros des Annales, qui probablement paraîtront tous les trimestres et contiendront environ 3 feuilles, sont avertis qu'ils auront à ajouter à leur cotisation annuelle une somme de 5 fr. pour les frais d'impression, et de 1 fr. pour les frais de port. Nous désirons bien vivement que le nombre des souscripteurs et des membres de la Société soit assez considérable pour que nous puissions ajouter au texte quelques planches gravées ou litographiées, reproduisant les monuments les plus curieux dont nous donnerons la description et sur lesquels nous voudrions appeler l'attention de l'autorité.

La majeure partie des sociétaires actuels ont versé entre les mains de M. le trésorier leur annuité de 10 fr. ou de 15 fr. Ceux qui n'auraient pas encore rempli cette formalité, sont priés de le faire dans le courant d'Octobre et de Novembre, afin que nous puissions leur envoyer le diplôme de membre de la Société, avant la fin de l'année courante.

AVERTISSEMENT.

——

« Rechercher les édifices religieux et civils que
» le département renferme, en former une statis-
» tique monumentale, décrire leur état actuel,
» solliciter de l'administration les moyens de les
» conserver, appeler l'examen spécial de l'auto-
» rité supérieure, administrative et ecclésiastique
» sur les réparations en projet ou en voie d'exé-
» cution, tel est le but principal de la Société Ar-
» chéologique des Côtes-du-Nord.

» Mais nous sommes jaloux de toutes les gloires
» de notre pays ; nous sommes curieux de tout ce
» qui se rattache à son histoire, à ses traditions,
» à ses mœurs, à la marche de sa civilisation
» parmi nous.

» La Bretagne, on l'a pu dire avec raison, la
» Bretagne est une médaille antique qui n'est pas
» encore suffisamment expliquée. L'homme de
» science, le moraliste, l'homme d'imagination,
» l'artiste pourront y trouver de féconds sujets
» de recherches, d'examen et d'inspiration. »

Ce passage du discours prononcé dans la séance
solennelle d'inauguration, par le président de la
Société Archéologique des Côtes-du-Nord, indique
sommairement les travaux qu'elle se propose d'entreprendre, et peut servir de programme à ce
recueil.

La société a pensé qu'il y aurait utilité à publier, non pas périodiquement, mais à chaque fois
que l'intérêt du travail semblerait le mériter,
un recueil destiné à faire connaître la marche,
les progrès et les résultats de ses efforts.

Le premier numéro de ce recueil, que nous
publions aujourd'hui, est un compte rendu de
l'organisation de la société. Il contient les discours prononcés par MM. les président et vice-président de la société et les procès verbaux des
séances qu'elle a tenues. La société a décidé que
ce premier numéro serait envoyé à tous ses membres. A l'avenir, il ne sera adressé *gratis* qu'aux
membres honoraires étrangers au département.

ANNALES

DE LA

SOCIÉTÉ ARCHÉOLOGIQUE ET HISTORIQUE

DES CÔTES-DU-NORD.

———◆———

SEANCE SOLENNELLE D'INAUGURATION

Du 25 Juin 1842.

Monseigneur l'Evêque de Saint-Brieuc est présent. M. le Préfet, qui devait également honorer la réunion de sa présence, s'excuse de ne pouvoir y assister, à cause de la coïncidence de l'heure de cette séance avec celle de la distribution des primes à laquelle il doit présider.

L'assemblée se compose de :

MM. Athanase Saullay de l'Aistre, président de la Société ;
L'abbé Souchet, vice-président ;
L'abbé Prud'homme, trésorier ;
Jules Geslin de Bourgogne et Adolphe De La Noüe,
secrétaires, formant le Bureau ;

Et de MM. A. De Calan ; Coppalle, ancien professeur, bibliothécaire ; l'abbé Corbel ; de Courson ; Denis, curé de Lantic ; l'abbé Durand ; Epivent, curé de la Cathédrale ; L. Foucaud ; de Fréminville ; Garnier de Kerigant ; Guépin, architecte ; comte Harscouet ; vicomte de Kergariou ; marquis de Lanascol ; Le Borgne, vicaire général ; Le Cardinal, sous-commissaire de la marine ; Le Court de La Villethasset ; Le Grand, ancien professeur ; Le Joly, avocat à Guingamp ; Lorin, architecte ; l'abbé Lymon ; Marée, professeur ; l'abbé Rault ; Renaud, curé de Pordic ; l'abbé Robillard ; le vicomte du Roscoat ; l'abbé Le Roux ; Rioust de l'Argentaye ; Saullay de l'Aistre père ; le marquis de Saint-Pierre ; l'abbé Texier ; le comte de Trobriand.

Après avoir offert le fauteuil à Mgr l'Evêque et l'assemblée ayant pris séance, M. Athanase Saullay de l'Aistre, président de la Société, se lève et dit :

Messieurs,

Dans un pays voisin du nôtre, en Angleterre, il y a deux siècles environ, un homme de savoir et de patience consacra ses études et sa vie tout entière à l'histoire des antiquités de son pays, et éleva à sa patrie ce grand monument historique, le *Monasticum anglicanum*, destiné à conserver le souvenir des édifices arrachés au culte catholique par la réforme protestante.

En France, en 1821, l'académie des inscriptions et belles-lettres manifesta le vœu de voir entreprendre un travail analogue à celui de Guillaume Dugdall, sur les monuments religieux détruits depuis un demi-siècle.

M. le préfet des Côtes-du-Nord, dans une circulaire du 1ᵉʳ Octobre 1821, invita MM. les maires à favoriser les recherches qui seraient entreprises à ce sujet.

Aujourd'hui, Messieurs, nous sommes assurés de trouver dans le premier magistrat de notre département, la même obligeance et le même zèle; et la réunion au sein de laquelle j'ai l'honneur de parler aujourd'hui est la preuve de cette bonne volonté.

Nous n'avons pas, Messieurs, la pensée d'entreprendre des travaux de l'importance de ceux de Guillaume Dug-dall, dans lesquels les burins de Hollar et de King luttent contre le temps et les révolutions, dont les arceaux des vieux monuments bretons n'avaient pu conjurer les ravages; et cependant, il y a bien des encouragements pour les archéologues dans l'exemple de Dugdall, car il commença ses études archéologiques à 18 ans et il en avait 80 qu'il écrivait encore !

La réforme n'avait pas été la première grande tourmente que les monuments religieux eussent eu à supporter chez les Bretons insulaires; en fait d'architecture, les Saxons avaient tout détruit : quand Eadbert, successeur de saint Cuthberd, et septième évêque de Lindisfarne, fit couvrir de feuille de plomb le toit de sa cathédrale, elle n'était plus couverte que de roseaux.

Ce furent des ecclésiastiques qui rétablirent la maçonnerie en Angleterre : Wilfrid, évêque d'Yorck, et Benôit Biscop, fondateur de l'abbaye de Weremouth, qui amena des maçons de Rome, où il avait fait six voyages pour en aller chercher.

Dans sa lettre célèbre à Céolfred, abbé de Weremouth, Naïtan, roi des Pictes, lui demande en grâce des maçons.

De nos jours, Messieurs, les maçons ne manquent pas; les Saxons non plus, peut-être...; mais nous avons, aussi nous, dans notre clergé, des hommes de science et de goût; et nous n'invoquerons pas en vain, pour le salut de nos monuments, le prélat vigilant et éclairé qui gouverne le diocèse, et dont la présence ici est, à la fois, pour nos travaux une garantie précieuse et un puissant encouragement.

Dans l'impossibilité de rendre à la religion, à la patrie et aux arts tous les monuments qu'ils ont perdus, défendons du moins ceux qui nous restent; défendons-les contre le temps, contre les dévastations et contre les prétendues restaurations. Quand Alain Barbetorte, vainqueur à Saint-Brieuc et à Nantes, des barbares du Nord qui avaient si cruellement dévasté nos rivages, arriva devant la cathédrale de Nantes, il fut obligé de se frayer un passage avec son épée à travers les épines qui en déshonoraient l'entrée. Messieurs, il se fait journellement aux arts, par de soi-disant restaurateurs, des affronts contre lesquels nous n'invoquons pas sans doute l'épée d'un autre Barbetorte; mais qui sont, hélas! plus nuisibles à nos monuments que les épines et les ronces venues sous les pieds des Danois!

Il est déplorable, en effet, Messieurs, de voir la maladresse et l'ignorance devancer ainsi les ravages du temps. Toutes les ruines ne sont pas réparables, nous le savons; mais respectons du moins leurs débris. Les regrets, la tristesse que nous inspire la vue de ces monuments qui disparaissent chaque jour, et, pour ainsi dire, pierre par

pierre, sont d'autant plus vifs que leur chute est plus ré-
cente. Plusieurs nous rappellent les plus douces émotions
de notre enfance : là, nous avons offert à Dieu nos premiers
hommages ; nous avons déposé les peines de nos âmes !...
Tant de charmes se joignent à ces habitudes profondes, qu'on
ne peut voir sans douleur anéantir les lieux où nous les
avons contractées ! Chez nous autres Bretons, ces émotions sont plus vives que partout ailleurs, peut-être ; la
Bretagne est un pays catholique par essence : les Armori-
cains qui avaient résisté long-temps aux armes des Francs,
acceptèrent leur alliance, dit Procope, aussitôt qu'ils furent
devenus chrétiens.

Nous nous efforcerons, Messieurs, de retracer par la
lithographie, ce burin populaire, ceux d'entre nos monuments que nous ne saurions soutenir : comme font ces
peintres empressés qui saisissent à la hâte les traits des
morts illustres, avant que le linceul les recouvre pour
jamais !

En exprimant le vœu de voir reproduire, par la lithographie, à défaut du burin, les fragments architectoniques
ou de sculpture remarquables que renferment encore plusieurs de nos monuments, dont la restauration est impossible ou serait au-dessus de nos forces, je vous ai indiqué un des projets de la société archéologique des Côtes-
du-Nord ; je vais essayer de vous en développer sommairement le programme.

Rechercher les édifices religieux et civils que le département renferme, en former une statistique monumentale,
décrire leur état actuel, solliciter de l'administration les
moyens de les conserver, appeler l'examen spécial de
l'autorité supérieure administrative et ecclésiastique sur les
réparations en projet ou en voie d'exécution, tel est le
but principal de notre société.

Mais nous sommes jaloux, Messieurs, de toutes les gloires de notre pays ; nous sommes curieux de tout ce qui se rattache à son histoire, à ses traditions, à ses mœurs, à la marche de la civilisation parmi nous.

La Bretagne, on l'a pu dire avec raison, la Bretagne est une médaille antique qui n'est pas encore suffisamment expliquée : l'homme de science, le moraliste, l'homme d'imagination, l'artiste peuvent y trouver de féconds sujets de recherche, d'examen, d'inspiration.

Elle a conservé, mieux que toute autre partie de notre patrie commune, l'empreinte des vieux temps ; en sorte (pour parler comme du Chastelet) « que l'on peut dire, sans » témérité et sans flatterie, que l'on voit dans les Bretons » ce qui reste de plus certain de la postérité des premiers » habitants de la Gaule ; et qu'en eux principalement a » passé toute cette fermeté et tout cet amour que les vieux » Gaulois avaient pour la gloire de leur pays. »

Tout nous rappelle, en effet, nos antiques origines, qu'elles soient celtiques ou gauloises : depuis les plus anciens éléments du langage jusques aux coutumes les plus familières, depuis notre législation ancienne jusqu'à nos délassements, nos costumes et nos jeux. Nos feux de la Saint-Jean, nos portes garnies de trophées de chasse ; ces vêtements du jour placés la nuit sur le lit, comme cela se pratique encore dans nos campagnes ; cent autres usages vulgaires que je pourrais citer, sont des coutumes gauloises immémoriales.

Aussi, Messieurs, que de sujets d'études et de recherches diverses ! Les noms de lieux, les noms des hommes méritent chez nous un examen attentif ; nulle part, l'homme ne s'identifie davantage avec le sol ; nulle part, il ne lui donne plus fréquemment son nom ou n'en reçoit plus souvent le sien. « Les noms propres d'hommes et de lieux (dit l'illustre

» auteur des *Soirées de Saint-Pétersbourg*) me semblent
» une des mines presque intactes d'où il est possible de
» tirer de grandes richesses historiques. »

Notre musique, ces airs séculaires de nos campagnes,
il faudrait les recueillir : ils furent accompagnés sur ces
harpes primitives qui n'eurent d'abord que quatre cordes
faites de peau de bœuf, mais qu'il était réservé aux mains
guerrières seules de faire vibrer, et qu'il était défendu de
saisir pour dettes.

Nos jeux, nos divertissements ont eu leur célébrité; nos
chasses leur renommée. La plupart des chiens de chasse
qui sont en France, dit Jacques du Fouilloux, sont sortis de
Bretagne. La chasse, chez les anciens Bretons, se solénni-
sait, pour ainsi dire; et le *Penneryd*, ou maître des ve-
neurs, était dispensé du serment ordinaire, lorsqu'il paraissait en justice : il se contentait de jurer par son cor de
chasse et par ses chiens.

Une statistique hippique approximative de la Bretagne au
moyen-âge serait un travail intéressant et utile, comme
terme de comparaison. Les chevaux sauvages y étaient
assez nombreux en 1225 et même plus tard ; et Olivier de
Rohan donna à l'abbaye de Bonrepos la moitié de ceux
qui se trouveraient dans sa forêt de Kénécan.

Le service militaire, les lois qui le régissaient, la force
qu'elles donnaient au pays, méritent d'être étudiées mieux
que je ne l'ai su faire sans doute : lois curieuses et sévères,
qui faisaient que la terre du défaillant était confisquée, parce
qu'elle n'était regardée que comme *la paie* de ce service
auquel l'homme de race militaire devait consacrer sa vie;
dont le sexe, l'âge, la profession accidentelle ne pouvaient dispenser qu'à demi, et qui faisait qualifier la
femme tantôt *tyrannissa*, tantôt *militissa*, chevalière.
De ce service n'exemptaient même pas les offices de ju-

dicature ; et les notaires, par exemple, « *alloient ez armes et fréquentoient les guerres en bon appareil.* » C'est que, sans oublier leur vocation native, les familles d'origine militaire ne dédaignaient aucune des fonctions, même les plus modestes, de la justice et de l'administration, et n'en demeuraient pas moins toujours prêtes à ressaisir l'épée héréditaire au jour du danger. De telle sorte que, le péril venu, on voyait, pour ainsi parler, un homme armé apparaître dans chaque sillon : alors la Bretagne, hérissée de créneaux et de lances, si le pied de l'ennemi la foulait, se levait dans sa redoutable armure, comme le porc-et-pic symbolique de son Arthur de Richemond.

Le costume si pittoresque dans quelques-uns de nos cantons, à Rohan, par exemple, chez ces camérons de la Bretagne, qui portent encore en velours noir fixé sur leurs vêtements blancs l'antique collier gaulois ; les pèlerinages, les proverbes qui nous conservent peut-être quelques-uns des oracles de Guinclan ; notre législation spéciale des convenants ; voilà, Messieurs, avec beaucoup d'autres, autant de sujets qui se rattachent à notre histoire et à la marche de l'esprit humain, de la civilisation dans notre pays. Je ne les indique ici que pour prouver que l'archéologie, comme nous l'entendons, n'est point exclusive et qu'elle peut offrir à chacun des études selon son goût.

Les médailles, les chartes, les manuscrits, ces vieux livres sur vélin, dont les marges recèlent quelquefois des hors-d'œuvre inconnus et tout à fait étrangers au sujet que le titre du volume indique, il faudrait les rechercher, les recueillir, les examiner avec soin. On y découvre quelquefois des documents inattendus : telles sont les marges mystérieuses de ces rituels venus de Bobium à la bibliothèque ambroisienne (où je les ai interrogés moi-même), et sur lesquels les religieux compagnons de saint Colomban écrivaient en langue gaëlique et galloise, auprès des versets latins de leurs offices, des chants de regrets pour la patrie bretonne, que le soleil de l'Italie ne pouvait leur faire oublier !

Il y a donc, Messieurs, espoir de trouver partout quelques révélations nouvelles sur les temps anciens. Les emblèmes guerriers, religieux, politiques ; les blasons, *ces hyérogliphes du moyen-âge* (a dit un des plus beaux génies de notre temps), qui, s'il faut en croire Diodore, Isidore de Séville, Cluvier, etc., ne furent, dans l'origine, que la reproduction, sur leurs boucliers, des figures que les anciens Bretons peignaient sur leur corps ; ces armures, ces écussons du moyen-âge seraient toujours de puissants auxiliaires dans la recherche des faits, et nous guideraient souvent dans l'explication des monuments, quand ils n'auraient pas l'attrait qu'inspire invinciblement les travaux des ancêtres.

« Quales clypeos nemo non gaudens
» favensque aspicit. » *Plin.* L. III.

Je terminerai, Messieurs, par où j'aurais dû commencer peut-être, en vous exprimant ma reconnaissance, mais à la fois mon étonnement de l'honneur que vous m'avez fait. Vous avez voulu, en me choisissant, rassurer les plus modestes et prouver qu'ici l'archéologie était accessible à tous. Vous n'avez pensé qu'à ma bonne volonté et à mes loisirs, alors que cette ville vous offrait, entre autres, deux hommes de science et d'études assidues, dont nous apprécions tous les utiles travaux. Les devoirs d'une importante magistrature ont retenu l'un (1). L'autre, du moins, est près

______

(1) M. Habasque, président du tribunal.

de moi, et je me féliciterai, une fois de plus dans ma vie, de pouvoir écouter ses leçons (2).

L'absence de M. le comte de Kergariou, notre savant président d'honneur, afflige ses nombreux amis. Nous avons l'espérance de le voir bientôt encourager nos efforts. Vous savez tous, Messieurs, avec quelle obligeante chaleur il épousa, dans tous les temps, les intérêts des Côtes-du-Nord, et c'est avec une grande et reconnaissante confiance que nous attendons les effets de son zèle et de son amour éprouvés pour la gloire de son pays.

Espérons, Messieurs, que notre bonne volonté vaudra à notre entreprise d'honorables encouragements.

Parmi les hommes dont nous serions fiers de nous concilier le suffrage, il en est trois dont nous n'invoquerons pas en vain, j'ose le croire, les sympathies bretonnes.

L'un, qui a doté son pays des plus grandes splendeurs littéraires des temps modernes, qui trouve son nom à tant de pages de notre histoire, et dont la gloire personnelle pourrait se passer de cette auréole, n'a jamais repoussé la main d'un ami des lettres ou des arts : ai-je besoin de vous nommer l'illustre auteur des *Martyrs?*

L'autre, M. le comte de Corbière, qui n'oubliait pas plus au sein des grandeurs sa Bretagne chérie, qu'il ne l'oublie dans son honorable retraite, ne nous refusera pas d'ouvrir pour nous les trésors de sa puissante érudition. Le troisième, Messieurs, étranger depuis plus long-temps à notre pays, se rappelle que la Bretagne, que les Côtes-du-Nord, que notre rivage même fut le berceau de sa famille : « Il n'est point de province de France (m'écrivait-» il) dont j'honore plus le caractère, et dont l'histoire

____

(2) M. Souchet, vice-président de la société, ancien principal du collége de Saint-Brieuc.

» plaise plus à mon imagination. » Ce que tout le monde sait, Messieurs, de la bienveillante courtoisie de M. le comte de Saint-Aulaire, nous donne l'espoir que le secours de ses hautes lumières et son obligeant appui nous seront accordés.

Marchons avec courage, avec persévérance, avec confiance vers le but que nous nous sommes proposé d'atteindre. C'est une œuvre morale que nous voulons accomplir : elle s'accomplira. La Bretagne compte encore trop de nobles enfants pour que ses souvenirs et ses monuments s'effacent à jamais ; ils seront défendus par ses fils. Cette héroïque mère ne mourra pas tout entière : elle ne sera pas ensevelie comme ces hommes d'armes du moyen-âge, qui, s'ils mouraient sans postérité, étaient descendus dans la tombe entre leur épée et leur bouclier.

Ath. Saullay de l'Aistre.

L'assemblée vote à l'unanimité l'impression de ce discours.

M. l'abbé Souchet, vice-président de la Société, prend ensuite la parole et s'exprime ainsi :

Monseigneur et Messieurs,

Admis à l'honneur de vous parler d'une science dont l'utilité n'est pas plus contestée aujourd'hui par les hommes du monde que par les artistes, je sens le besoin de réclamer votre indulgence. Ce n'est pas que je n'aie donné quelques veilles aux études monumentales, mais la timidité qui fut toujours mon partage ne peut m'abandonner devant mes maîtres dans la connaissance de la vénérable antiquité, dont le voile, qui cache tant de mystères, est si difficile à soulever, surtout pour celui qui a consumé une grande partie de sa vie dans des travaux d'un autre genre. Après avoir entendu notre modeste Président (1) qui a trouvé au foyer paternel un trésor d'érudition et qu'un goût héréditaire pour l'étude des chartes a dominé dès sa plus tendre jeunesse, j'aurais gardé le silence, si je ne savais que plus un auditoire est éclairé et moins il est sévère dans ses jugements.

L'archéologie, cette connaissance des choses anciennes et principalement des monuments anciens, est moderne parmi nous. On accorde généreusement à nos voisins d'outre Manche la gloire de l'avoir inventée. Il y a précisément un siècle que M. Langlay publia, à Londres, une série de planches contenant des ornements, des détails architectoniques du style qui fut appelé gothique et que les nouveaux écrivains appellent ogival, avec plus de raison. Il se proposait de montrer aux amis des arts qu'il ne fallait plus dédaigner ce style digne du plus haut intérêt. Vingt-neuf ans après, Bontham, théologien et antiquaire, dans son *Histoire de l'Eglise Cathédrale d'Ely*, présenta des idées neuves et ingénieuses sur les architectures saxonne, normande et gothique, qui eurent du succès. Cependant, sans faire valoir ici les savantes recherches des Bénédictins français, Montfaucon et Michel Germain, perdues dans l'incendie de la bibliothèque de Saint-Germain-des-Prés et faites il y a plus d'un siècle, les nombreux ouvrages de l'abbé Le Bœuf, véritable prodige d'érudition, ouvrages qui commencèrent de paraître en 1738, nous suffisent pour disputer la priorité dont nous laissons jouir nos voisins.

Ceux-ci sont redevables de cet avantage à l'oubli involontaire dans lequel tomba chez nous cette étude, dans les

(1) M. Ath. Saullay de L'Aistre.

années, si désastreuses pour les monuments, qui terminèrent le dernier siècle, et même pendant l'empire dont les glorieuses victoires préoccupaient les esprits, tandis que nos rivaux, loin des champs de bataille, moissonnaient seuls dans les champs de l'archéologie.

D'ailleurs, nos pères avaient moins besoin d'étudier le passé. Dans ces temps si calmes, rien ne portait atteinte aux traditions : l'état politique de la France traversait les âges avec une paisible uniformité. Les usages, les mœurs, l'enseignement ne subissaient que lentement de légères modifications ; mais après les violentes secousses qui ont tout ébranlé, après les bouleversements qui ont fait partout table rase, il semble que nous avons été transportés sur une autre terre, dans une autre atmosphère. Ce qui a échappé au naufrage a pris une nouvelle vie bien différente de l'ancienne : jamais on ne vit une ère ressembler si peu à celle qui l'a précédée. Ce ne sera que par une étude spéciale qu'on saura désormais ce qu'il y avait avant nous. Qui est-ce qui sait bien, parmi les hommes du monde, pour ne rien dire de plus, comment la justice se rendait, il y a quelque 5o ans ? quelle était alors l'administration ecclésiastique si différente de celle de nos jours ? comment on formait, on disciplinait, on entretenait les armées sous Louis XVI et ses deux prédécesseurs ? On veut aujourd'hui trancher la barrière qui nous sépare de nos pères et converser avec eux.

Outre le désir très-louable de connaître ce qui n'est plus que dans l'histoire, une inspiration d'un ordre plus élevé a agi si puissamment sur les bons esprits en faveur des travaux archéologiques, qu'on n'a plus vu dans celui qui les dédaigne qu'un complice des brèches faites à une partie de la gloire nationale, qu'un félon digne des justes reproches de la postérité. Ce noble motif des veilles de tant de savants et qui vous a conduits, Monseigneur et Messieurs, dans cette enceinte , c'est le déplorable état de dépérissement des monuments dont les siècles passés ont embelli le sol que nous habitons. Ce précieux héritage, ces titres glorieux, ces témoins irrécusables du rang élevé qu'a toujours tenu notre patrie parmi les nations civilisées , vous voulez les conserver , les arracher à la destruction qui les menace. Votre douleur est grande , quand vous voyez des hommes atteints du fanatisme de la barbarie, des Vandales peu satisfaits des ravages du temps , en hâter l'œuvre par la fureur gratuite des démolitions. Ce sentiment, vous le partagez avec tous les Français dignes de ce nom , avec les généreux enfants de la Bretagne qui fut toujours le sanctuaire de l'honneur.

Le danger qui menace nos richesses monumentales , ces merveilleux trésors de civilisation , a électrisé les esprits. Un vieux préjugé a été traîné au tribunal du goût, une grande révolution s'est faite : les siècles qu'on qualifiait de barbares sont devenus les beaux siècles de l'architecture. Quelque brusque qu'ait été ce mouvement, il n'en a pas été moins général , moins populaire : tous les arts demandent des modèles ou des formes au moyen-âge. Dès 1830 , M. Guizot disait dans son *Cours d'Histoire moderne* : « L'imagination » se plaît aujourd'hui à se reporter vers le moyen-âge ; ses » monuments, ses traditions, ses mœurs, ses aventures ont » pour le public un attrait qu'on ne saurait méconnaître. » On peut interroger à ce sujet les lettres et les arts ; on » peut ouvrir les histoires, les romans, les poésies de no» tre temps ; on peut entrer chez les marchands de meubles, » de curiosités : partout on verra le moyen-âge exploité, » reproduit, occupant la pensée, amusant le goût de cette » partie du public qui a du temps à donner à ses besoins » ou à ses plaisirs intellectuels. »

Cet heureux retour des esprits vers un passé si riche en

merveilles, fut préparé en France par le Patriarche de la littérature dont s'honore la Bretagne, par l'immortel auteur du *Génie du Christianisme*, qui a environné de respect, mouillé de ses larmes les nobles débris, les admirables ruines dont notre pays est couvert et qui nous donnent une si haute idée de ce que nous avons perdu. Ce sont, en grande partie, les écrivains de son école qui nous ont réconciliés avec des siècles trop long-temps méprisés.

Le gouvernement seconda les efforts des particuliers. Une instruction ministérielle de 1818 fit établir des commissions d'antiquités. Mais si la première de ces commissions et la plus remarquable par l'activité de ses travaux a été celle de Rouen, nous pouvons en revendiquer quelque chose ; elle fut l'œuvre d'un savant (1) qui nous appartient, et parce qu'il est né parmi nous, et parce qu'il est notre président honoraire. Honneur à ce digne Breton qui a illustré son administration de la Seine-Inférieure, en conduisant nos frères de la Neustrie à la conquéte du sceptre de l'archéologie française.

Les études monumentales prirent alors un grand développement dans la Normandie. Il parut sur cette matière plusieurs ouvrages estimables, entre lesquels nous distinguerons l'*Essai d'Architecture religieuse du moyen-âge* de M. de Caumont, secrétaire de la Société des Antiquaires de cette province. Depuis, M. de Caumont est devenu comme l'oracle de l'archéologie, à laquelle il a initié un grand nombre de disciples, dans les congrès qu'il a tenus aux quatre coins de la France que son école aura bientôt entièrement scrutée par de laborieuses et consciencieuses recherches.

Cet homme de bien, qui, depuis quinze ans, a soustrait

(1) M. le Comte de Kergariou, ancien Préfet.

au vandalisme plus de monuments qu'un siècle n'en pourrait produire, a déjà visité une partie de notre département, et, dans la correspondance dont il honore plusieurs d'entre nous, il a bien voulu nous faire espérer un congrès en Bretagne, pour encourager nos efforts et nous aider du concours de ses lumières et de sa longue expérience.

Le gouvernement actuel est loin de rester étranger à ce noble élan. Toujours il l'a favorisé par des instructions ministérielles, par des ordonnances, par des allocations qui subviennent à des besoins que ni les particuliers ni les sociétés ne peuvent satisfaire. En 1839, a paru une collection de documents inédits, publiés par ordre du Roi et destinés à fixer la nomenclature de l'archéologie, l'uniformité de plan pour les recherches et la chronologie monumentale. C'est une première partie qui concerne les monuments gaulois, grecs, romains, chrétiens, antérieurs au XIe siècle. On y promet un travail analogue relativement aux monuments chrétiens du XIe au XVIe siècle. J'ignore s'il a paru.

Dans cet ouvrage qui doit être d'une grande utilité pour les études archéologiques, M. le Ministre de l'instruction publique disait à ses correspondants : « Depuis les Gaulois » jusqu'à nos jours, des monuments de toute espèce ont » couvert le sol de la France : quelques-uns ont complè- » tement disparu, d'autres, encore en grand nombre, » restent debout ou nous sont signalés par leurs ruines. » Ces monuments qui révèlent à l'artiste les variations suc- » cessifs de l'art et du goût, peuvent aussi fournir à l'his- » toire d'utiles indications sur l'état politique, intellectuel, » moral et industriel de chaque siècle. Tantôt c'est une in- » scription qui se déroule sur le bois, sur la pierre, sur le » verre ou sur le métal. Le monument fait alors l'office » d'un manuscrit ; tantôt c'est la grandeur des construc-

» tions , le caractère du travail , la nature et le choix des
» emblèmes qui deviennent autant de révélations pour
» l'historien.

» Nos richesses monumentales , quoique décimées depuis
» 50 ans, égalent encore en beauté et surpassent en varié-
» té celles de tous les autres pays de l'Europe. Notre pre-
» mier soin assurément doit être de les entourer de respect
» et de prolonger leur durée. Mais , quoi que nous fas-
» sions, ces pierres sont périssables , et le jour viendra où
» la postérité en cherchera en vain la poussière. Qu'il en
» reste au moins une image , un souvenir ! Que partout
» où un monument existe aujourd'hui, on sache à jamais
» qu'il a existé ; que ses proportions , sa figure, son im-
» portance , sa destinée soient religieusement conservées,
» et que les historiens futurs puissent en retrouver , dans
» tous les temps, une trace impérissable ! C'est pour ac-
» complir cette œuvre difficile, ce travail tout nouveau
» qu'on fait un appel à la patience et aux efforts de MM.
» les correspondants. Il s'agit de dresser la carte monu-
» mentale de la France. Ses 37,200 communes devront
» être visitées, explorées en tout sens. Il ne faut pas qu'il
» existe un seul monument, un seul fragment de ruines ,
» à quelque siècle, à quelque civilisation qu'il appartienne,
» sans qu'il en soit fait mention , ne fût-ce que pour con-
» stater qu'il ne mérite pas qu'on l'étudie (1) ».

Je ne pouvais mieux terminer, Monseigneur et Messieurs,
que par cet appel du zèle au dévouement. Il sera entendu
dans ce département, l'un des plus beaux de la France , l'un
des plus remarquables par les merveilles de tous les âges
qu'il renferme.

(1) Pag. 1 et 2.

Il me reste, Monseigneur et Messieurs, à vous demander pardon de la longueur de ce mémoire.

Si ces détails ne vous ennuient pas, dans notre prochaine réunion, j'aurai l'honneur de vous entretenir des travaux archéologiques qui ont eu pour objet la Bretagne, et particulièrement les Côtes-du-Nord.

SOUCHET, *Chanoine.*

L'impression de ce discours est votée unanimement par l'assemblée.

M. le Comte de Trobriand lit des vers sur la Bretagne, dont la société regrette qu'il ne laisse pas le manuscrit.

M. Athanase Saullay de l'Aistre, président, au nom du bureau, soumet à l'assemblée les propositions suivantes :

I.

Un correspondant sera établi dans chaque arrondissement ; il s'adjoindra autant de correspondants cantonaux qu'il le jugera utile.

II.

Les correspondants d'arrondissement et les correspondants de canton adresseront au Bureau de la Société, Place Royale, N° 1, les notes, renseignements ou mémoires qu'ils jugeront nécessaires de communiquer.

III.

Le bureau s'adjoindra autant de membres de la société qu'il en pourra réunir au chef-lieu, à chaque fois qu'il s'agira de prendre une délibération ayant pour objet soit une publication historique à entreprendre aux frais de la société, soit la désignation des monuments auxquels il s'agira d'appliquer les fonds obtenus.

IV.

Les correspondants d'arrondissement et ceux de canton feront de droit partie de cette commission.

V.

Les communications avec les autorités supérieures civiles et religieuses auront lieu par l'entremise du bureau.

VI.

Une cotisation de 10 fr. par an sera destinée, avec les fonds obtenus du gouvernement et de l'administration, à subvenir aux dépenses arrêtées par la commission dont il est parlé à l'article III. Le trésorier recevra les fonds ; le bureau rendra compte de l'emploi qu'ils auront reçu , et en justifiera à la réunion annuelle fixée à l'époque des courses.

VII.

Les autres réunions qui seraient jugées nécessaires , seront indiquées quinze jours d'avance , par le bureau qui en fera connaître l'objet dans les lettres de convocation.

Sur la proposition de M. Saullay de L'Aistre , président , l'assemblée décide que les deux premiers monuments qui fixeront l'attention de la société sont : 1° l'église de Notre-Dame de Lamballe ; 2° celle de Notre-Dame de la Cour. Cette préférence est justifiée par l'état de délabrement de ces deux édifices qui menacent ruine , et l'intérêt historique et artistique dont ils sont dignes.

La société déclare aussi que toute sa sollicitude est acquise à l'église de Saint-Sauveur de Dinan ; à celle de Notre-Dame de Graces près Guingamp , et aux ruines du temple de Lanleff.

Monseigneur prend alors la parole pour féliciter les membres de la société de la grande tâche qu'ils se sont imposée , et les encourager dans leurs efforts. Monseigneur a vu avec une grande joie combien l'établissement d'une société archéologique dans son diocèse avait de toutes parts trouvé de sympathie ; de ce moment, sa protection toute spéciale lui est assurée.

La société accueille avec bonheur l'expression de cette haute bienveillance , et avant de se séparer, elle dépose aux pieds de Sa Grandeur ses remerciements et l'expression de sa profonde reconnaissance.

SÉANCE DU 26 JUILLET.

Le bureau réuni sous la présidence de M. l'abbé Souchet, vice-président, reçoit communication du renvoi, par M. le Ministre de l'intérieur, à M. le Préfet, des Statuts approuvés de la Société archéologique et historique des Côtes-du-Nord.

M. le Ministre fait observer que cette institution n'empêche pas la nomination d'un correspondant du ministère dans le département. M. le Préfet prie la société de s'entendre pour la nomination d'un candidat à cet emploi.

En conséquence, le bureau, procédant par voie de scrutin, a désigné, à la pluralité des suffrages, M. Jules Geslin de Bourgogne.

Pour donner aux travaux une direction plus facile et plus sûre, la société choisit la classification adoptée par le gouvernement lui-même, qui divise les monuments en *meubles* et *immeubles*.

Les meubles comprendront les médailles, manuscrits, statues, instruments, reliques, meubles, objets d'art.

Sous le nom d'immeubles, seront compris les monuments proprement dits, qui se divisent eux-mêmes en monuments religieux, civils et militaires.

Le bureau regarde comme indispensable la formation de déux comités, dont l'un s'occupera des travaux usuels, monuments meubles, ainsi désignés, de la numismatique et de l'histoire ; l'autre, des monuments proprement dits.

Ces deux comités sont ainsi formés :

Histoire et Numismatique.

MM. Le comte de Kergariou, Président d'honneur ;
    Athanase Saullay de L'Aistre, Président ;
    Aurélien de Courson ;
    L'abbé Marsouin ;
    Cornillet, Notaire à Lamballe ;
    De La Noüe, Secrétaire ;
    De Saint-Méloir fils, comme dessinateur ;

Monuments.

MM. l'abbé Souchet, Chanoine, Vice-Président ;
    L'abbé Prud'homme, Trésorier ;
    Geslin, de Bourgogne, Secrétaire ;
    Guépin, Architecte ;
    Lorin,   *id.*
    De Freminville, comme dessinateur.

SÉANCE DU 16 AOUT.— *Réunion des Comités.*

Présidence de M. SOUCHET, vice-président.

La séance est ouverte à 9 heures 1/4.

M. le Président invite M. l'abbé Benoin, chanoine honoraire de Tours, présent à la séance, à occuper le fauteuil.

L'un des secrétaires donne lecture de plusieurs lettres de membres, qui s'excusent de ne pouvoir assister à la séance.

Après la lecture du procès verbal de la séance générale du 25 Juin et de la séance du bureau du 26 Juillet, tous les deux ayant été adoptés sans réclamation, M. le Président engage M. l'abbé Benoin à prendre la parole.

Celui-ci, après avoir félicité la Société de s'être chargée d'une mission si utile à la Religion et au pays, trace, dans une suite de conseils tout empreints d'une haute sagesse et d'une profonde connaissance de la matière, la marche qu'il croit devoir être suivie. Il pense que, jusqu'au 13e siècle surtout, nul guide ne peut être plus sûr que M. de Caumont. Il invite donc la Société à suivre les divisions de ce savant archéologue, et il traite d'abord des monuments *celtiques*, dont notre Bretagne est encore si riche, malgré le grand nombre de destructions dont on a eu à se plaindre, surtout depuis quelques années. Il engage notamment à insister auprès de l'autorité départementale, pour que les administrations des ponts-et-chaussées, ainsi que celle des agents-voyers, défendent à leurs employés subalternes de briser nos grandes pierres druidiques pour empierrer les chemins, ainsi qu'il arrive trop souvent. (Appuyé).

Passant aux monuments romains, il engage la Société à s'assurer sans retard du nombre et de l'état de conservation de tous ceux qui sont de son ressort. Il appelle tout particulièrement son attention sur le temple de Mars, près de Corseul, et il émet le vœu que des fouilles soient exercées autour de ce curieux morceau, tant pour en suivre, dans les fondations, la forme architectonique, que pour y recueillir les objets meubles qui ne peuvent guère manquer d'y être enfouis. (Appuyé).

(29)

En faits de monuments chrétiens, il déclare n'en pas connaître dans le département d'antérieurs au 10ᵉ siècle, et il engage la Société à rechercher s'il en existe et à les classer avec soin. Il signale la crypte de Lanmeur comme une des plus curieuses de cette période qu'il ait trouvées en Bretagne.

Les deux genres romans, le primitif et le secondaire, ne sont pas encore très-rares parmi nous ; il nous recommande surtout la tour d'Hasting, à la cathédrale de Tréguier, le portail et le côté midi de S.-Sauveur, de Dinan, qui sont, à son avis, les chefs-d'œuvres les plus remarquables en ce genre, et qui demandent une prompte restauration.

Parmi les monuments de la période qui commence au 13ᵉ siècle, ceux qu'il cite à la Société comme les plus beaux de cet âge en Bretagne sont Dol, Redon (le chœur), Tréguier, les restes du *Folgoat*, les ruines de Saint-Mathieu et de Beauport. Il pense que les ruines de Léhon et de Beauport sont surtout dignes d'être spécialement recommandées à l'administration par la Société.

Mais ce qui fait la principale richesse de la Bretagne, ce sont les monuments des 15ᵉ, 16ᵉ et 17° siècles (première moitié). Les monuments de cet âge, dit-il, n'ont plus les magnifiques dimensions des deux siècles précédents ; mais ils sont caractérisés par un grand luxe de détails, et c'est de ces détails que la Société doit s'efforcer de rendre notre pays plus soucieux.

Le premier dont il veut entretenir la Société, c'est le clocher, parce que c'est tout d'abord celui qui frappe la vue, et que d'ailleurs les clochers de Bretagne ont une réputation méritée. Il en distingue six classes : la première, qu'il nomme *primitifs - secondaires* ou *à figures*, a pour type Jugon ; la deuxième, qu'il nomme *clocher-modèle*, a pour types Le Cresquer, Landivisiau, Tréguier ; la troisième est par lui nommée *à galeries super-posées* : c'est Quimper, le Folgoat et Pontcroix ; la quatrième est *à coupole* : Saint-Egonet, Pleben ; la cinquième, *à minaret* : Landerneau ; la sixième, *campanille* : Roscoff.

Le second détail qui mérite de fixer l'attention, c'est le porche. La Bretagne en contient un grand nombre de fort remarquables ; généralement ils contiennent 12 niches, quelques-uns en ont 14. C'est une des parties les plus salies par le badigeon depuis quelques années ; Guingamp pourrait être cité comme modèle en ce genre, ainsi que Lanloup.

Les reliquaires sont encore une richesse propre à la Bretagne. La Société doit les surveiller avec d'autant plus de soin que, depuis un certain nombre d'années, d'odieuses mutilations ont été commises sur plus d'un point. Les vitraux, les bénitiers, les fonts baptismaux, les pierres tombales dont un grand nombre, notamment à Beauport, gisent au milieu de décombres et souvent d'ordures, méritent aussi toute l'attention. Mais il est surtout une expression de la foi de nos pères qui est propre à notre pays, dont elle est un des principaux ornements, ce sont les croix monumentales. On peut les diviser en trois classes : les primitives, qui sont plates, monolythes : une des plus belles de ce genre est celle de Corseul ; — les primitives-secondaires, qui sont du 15° au 16° siècle ; ce sont surtout celles-là qu'on trouve dans la partie bretonne des Côtes-du-Nord ; — enfin, les calvaires, comme à Plében, Saint-Egonet, Plougastel, où M. l'abbé Benoin n'a pas compté moins de 180 statues en granit. L'aveuglement est tel de nos jours, qu'il n'est pas rare de voir consacrer à élever des croix en bois et peintes en verd, le double de fonds nécessaires à restaurer de charmantes croix de granit, placées tout auprès.

Les fontaines monumentales ne doivent pas être oubliées non plus ; presque toutes nos vieilles chapelles en sont munies ; la plupart sont construites avec luxe, souvent recouvertes et supportées par de charmantes colonnes. Il cite comme une des plus somptueuses et des plus élégantes tout à la fois celle de Notre-Dame de Saint-Brieuc, malheureusement défigurée aujourd'hui par la tentative de gothique qui s'y adosse.

Il recommande également le vieux plain-chant, toute l'ancienne musique, les registres de paroisse que la Bretagne possède presque seule, et les manuscrits si précieux épars sur notre sol, surtout les manuscrits bretons. M. Aurélien de Courson appuie cette proposition et engage à faire lithographier à Rennes quelques planches de Mabillon, celles qui sont nécessaires pour déchiffrer nos vieilles inscriptions du 13e au 16e siècle. (Appuyé).

L'abbé Benoin passant ensuite aux monuments de notre époque, rend un juste hommage aux belles et riches proportions de l'intérieur de Saint-Michel ; mais il engage la société à user de toute son influence pour faire tomber les deux cheminées qui défigurent le chevet de cet édifice, et à obtenir que, par une superposition de colonnes, le frontispice soit élevé (il en est encore temps) de manière à être découvert de loin entre les deux tours. (Appuyé).

Traitant ensuite de la Cathédrale, il pense qu'il ne serait pas impossible d'arriver à en faire un monument qui, sans être du premier ordre, n'aurait du moins rien d'indigne de notre ville. Pour cela, il faudrait commencer par acheter toutes les échoppes qui l'entourent et la défigurent, et obtenir que l'administration municipale logeât ailleurs ses poids et ses pompes. Il faudrait ensuite que les tableaux du fond du chœur disparaissent pour mettre à découvert les nervures élégantes de cette partie, qui ne manque ni de grâce, ni de grandeur. Il faudrait encore que les fenêtres du chœur soient rétablies dans leur disposition naturelle, avec des meneaux ; que la rosace nord soit de nouveau reconstruite ; le portail du même côté démasqué ; que la ridicule ouverture de la Place royale soit rétablie en portail d'église, comme elle l'était jadis, et divisée en deux portes, par une colonne surmontée de la statue de la Vierge ; que les deux tours soient, plus tard, rebâties avec un fronton, et le portail terminé sur les indications qui s'y trouvent encore. Il ajoute, et avec raison, que l'influence d'une cathédrale est grande sur l'architecture générale d'un diocèse.

Enfin, pour faciliter l'étude et l'emploi de l'art catholique parmi nous, il engage la Société à recommander les ouvrages de M. de Caumont, celui de l'abbé Bourassé, la monographie de Bourges et les institutions liturgiques de D. Guéranger. Il lui offre aussi d'émettre le vœu qu'un bon Vignol gothique soit préparé promptement pour les ouvriers. Il termine en l'engageant à s'adjoindre des correspondants étrangers, surtout dans le Morbihan et le Finistère.

Ces dernières propositions sont, comme les précédentes, accueillies avec respect et avec les sympathies les plus vives. Le vice-président remercie, au nom de la société, M. l'abbé Benoin des sages avis qu'il vient de lui donner, et il le prie d'accepter le titre de membre honoraire de la Société Archéologique et Historique des Côtes-du-Nord.

Divers actes récents de vandalisme sont ensuite dénoncés à la Société. Dans la jolie église de Grâce, une charmante fenêtre a été murée pour éviter les frais de vitrerie, et un riche vitrail du 16e siècle a été échangé pour des vitres blanches. Le correspondant de la Société, à Guingamp

gamp, est chargé de suivre cette affaire ; s'il ne peut parvenir à faire opérer cette restitution à l'église, cet acte, qu'on ne pourrait trop sévèrement qualifier, sera officiellement dénoncé par la Société à l'autorité compétente. — L'abbé Benoin saisit cette occasion d'engager la Société à appeler l'attention de Mgr l'Evêque sur l'usage de plus en plus répandu dans notre diocèse, de ces lourdes grilles qui défigurent les églises, isolent les fidèles du sanctuaire, et ne se placent d'ordinaire qu'à l'aide de mutilations, exercées souvent sur les plus belles parties des églises.

Un membre du bureau donne avis que le correspondant de Guingamp a été chargé d'obtenir qu'une fort belle statue du 16° siècle, jetée dans un coin du cimetière de Pont-Melvez, sans doute parce que la figure a été dégradée, que cette statue soit placée de manière à être conservée ou donnée à la Société.

Le bureau rend compte du résultat de quelques démarches, depuis la dernière réunion. Une demande ayant été adressée à M. le Préfet, en vue d'obtenir que, désormais, aucune autorisation de réparation, restauration ou reconstruction ne fût accordée par lui sans que la société ait été préalablement consultée, Mgr l'Evêque ayant bien voulu prendre spontanément une détermination analogue, M. le Préfet a répondu que cette demande entrait entièrement dans ses vues, et il a rappelé au bureau deux circulaires adressées par lui en 1832 et 1834 aux maires du département, pour leur enjoindre de ne toucher, sous quelque prétexte que ce soit, à un monument public, sans une permission spéciale. Il prend donc avec plaisir l'engagement qu'on lui demande, et le même jour il renvoie à la société un procès-verbal du conseil municipal de Ploumagoar, qui demande à rebâtir la chapelle de Sainte-Brigitte. Le correspondant de la société à Guingamp a été

N° I.　　　　　　　　　　　　　　3

sur-le-champ invité à se transporter sur les lieux, à l'effet de s'assurer 1° s'il y a quelque chose à conserver dans la vieille chapelle ; 2° si on veut détruire toute la chapelle ou une partie seulement ; 3° si on a pris soin de faire faire un plan, et quel est-il ? La réponse de notre correspondant, qui s'est déjà rendu à Sainte-Brigitte, ne peut tarder d'arriver.

En ce qui concerne Notre-Dame de la Cour, qui avait été l'objet d'un vote de la société dès la première séance, le bureau donne avis que M. de Fréminville s'y est transporté, et en a rapporté des dessins exacts et en même temps très-gracieux. M. Lorin, architecte du département et membre de la société, a bien voulu également promettre de s'y transporter, et d'établir le devis des réparations les plus urgentes ; de sorte que tout annonce que les pièces seront prêtes avant l'ouverture du conseil général.

Le bureau propose d'adresser une autre demande au conseil général, en faveur de Notre-Dame de Grâce, une des plus jolies églises du 16e siècle (style flamboyant) que nous ayons, sans nul doute, dans le département. La foudre a frappé, il y a quelques années, ce gracieux clocher, très-élevé et placé sur un point élevé lui-même ; elle a renversé un des élégants clochetons qui entourent la base de la flèche, et fortement endommagé la jolie galerie ouvragée qui orne la plate-forme. Le conseil comprendra sans doute qu'une somme de 400 francs, destinée à aider cette pauvre commune à se procurer un paratonnerre, serait une somme bien placée (adopté).

Avant que l'assemblée se sépare, un des secrétaires propose que tous les membres prennent l'engagement de rendre un compte plus ou moins détaillé de toutes les nouvelles publications archéologiques qui pourraient leur tomber entre les mains, afin que la société soit tenue exactement au courant de la marche de cette science. Cette proposition est adoptée unanimement.

La rédaction définitive du Bulletin et du Questionnaire, qui doit être prochainement adressé à tous les correspondants, est laissée au bureau, avec invitation d'en presser la publication.

La séance est levée à midi moins un quart.

***

Saint-Brieuc, le 3 Septembre 1842.

Le Prefet du département des Côtes-du-Nord

A MM. les Maires du département.

Messieurs, je viens de confirmer, par un arrêté tout récemment inseré au Recueil, les instructions que j'avais déjà anciennement données pour la conservation des monuments historiques et objets d'art qui se recommandent si puissamment à la garde du pays.

Une société archéologique s'est formée dans le département ; elle est légalement constituée.

Les membres du bureau actuels sont : MM. Ath. Saullay de L'Aistre, président ; Souchet, chanoine, vice-président ; A. de La Noüe et J. Geslin de Bourgogne, secrétaires ; l'abbé Prud'homme, trésorier.

La mission que cette société s'est faite est de se livrer incessamment à la recherche et à l'étude de tout ce qui mérite intérêt sous le rapport de l'antiquité ou du travail.

Ses vues sont absolument les miennes, et je recevrai d'elle l'appui que j'ai promis moi-même de lui prêter : je vous demande de seconder en toute occasion ses efforts, et d'accueillir avec la même bonne volonté ceux de ses correspondants qui, sans faire partie du bureau, se présenteraient en son nom, avec une délégation signée du président.

La société archéologique sera pour l'administration une société consultative dont elle se propose de prendre l'avis, avant de donner son autorisation aux démolissements, réparations et reconstructions d'églises, pour connaître avec certitude ce qui devrait être conservé, réemployé ou mis à l'abri de la destruction.

Recevez, Messieurs, l'assurance de ma considération distinguée,

Le Préfet, THIEULLEN.

Saint-Brieuc, Imprimerie de L. PRUD'HOMME. — 1842.

ANNALES

DE

LA SOCIÉTÉ

ARCHÉOLOGIQUE ET HISTORIQUE

DES CÔTES-DU-NORD.

N° II.

SAINT-BRIEUC,

CHEZ L. PRUD'HOMME, IMPRIMEUR-LIBRAIRE,

1843.

ANNALES

DE

LA SOCIÉTÉ

ARCHÉOLOGIQUE ET HISTORIQUE

DES CÔTES-DU-NORD.

Nº II.

SAINT-BRIEUC,

CHEZ L. PRUD'HOMME, IMPRIMEUR-LIBRAIRE.

1843.

ANNALES

DE LA

SOCIÉTÉ ARCHÉOLOGIQUE ET HISTORIQUE

DES CÔTES-DU-NORD.

RAPPORT SOMMAIRE

A

MM. LES MEMBRES DE LA SOCIETE.

MESSIEURS,

Un an s'est écoulé depuis l'époque où quelques amis de l'histoire, des souvenirs, des traditions de notre pays, affligés des ruines journalières qui se faisaient autour de nous, s'associèrent pour défendre, de tous leurs efforts, ce qui reste encore de nos monuments nationaux.

I

La société archéologique des Côtes-du-Nord fut fondée; le gouvernement lui donna une existence légale ; l'appui de l'administration supérieure civile et ecclésiastique lui fut immédiatement assuré. C'est à cet appui constant, plein de bonne volonté et de fermeté à la fois, que nous devons, Messieurs, d'avoir accompli, en plusieurs circonstances déjà, une partie de la tâche que nous nous sommes imposée.

Le bureau central, dans ses réunions hebdomadaires, s'est occupé successivement de toutes les affaires qui lui ont semblé dignes de votre intérêt : l'examen de la correspondance avec nos collègues dans les arrondissements, les rapports adressés à l'administration, chaque fois qu'il nous a paru utile de réclamer son intervention, ont été l'objet de ses travaux.

Plusieurs séances des comités réunis ont eu lieu, et j'ai eu l'honneur d'y rendre compte des résultats obtenus ou poursuivis.

La publication d'un résumé de ces comptes-rendus a semblé utile aux comités, à cause de la preuve qu'elle donnera de l'assiduité de nos efforts, et parce qu'elle constatera, en même temps, que nous avons réalisé la partie de notre programme dont nos ressources nous ont permis de poursuivre l'accomplissement, je veux dire la préservation des monuments ou objets d'art menacés de destruction.

Si les résultats obtenus jusqu'aujourd'hui ne sont pas de ceux qui jettent un vif éclat, s'ils passent inaperçus, ils sont utiles et consolants, du moins ; ils sont des œuvres de conservation, et à ce titre, ils obtiendront la sympathie de messieurs les membres du conseil général, à laquelle nous faisons appel, s'ils reconnaissent, comme nous l'espérons, qu'à défaut de la puissance du bras qui édifie, nous avons eu la vigilance de l'œil qui avertit.

Ces résultats, Messieurs, je vais les énumérer sommairement.

Plénée-Jugon.

A Plénée-Jugon, les débris dispersés d'un ancien tombeau, jugé digne de conservation, ont été recueillis, et la réintégration de ce monument dans la nouvelle église a été décidée.

Locarn.

Le retable de Locarn est enfin sauvé ; cette belle dentelle de bois ne sera point sacrifiée à ces planches peinturées, objets pourtant d'une prédilection locale dont nous avons eu tant de peine à vaincre la persistance.

Sans doute le retable, les bas-reliefs de Locarn ne sont pas d'inimitables chefs-d'œuvre, comme ces admirables scènes sculptées que décrit Mathieu Paris, et qui décoraient le maître-autel de l'abbaye de Saint-Alban ; mais nous n'en avons pas pour cela moins de peine à expliquer cette indifférence pour les travaux curieux de menuiseries anciennes et de sculptures en bois, si nombreux naguère dans nos paroisses rurales, et si rares aujourd'hui. Ce dédain barbare était loin des habitudes de nos ancêtres ; les anciens Bretons excellaient dans ces travaux légers qui excitaient l'admiration à Rome même, où ils étaient quelquefois apportés. Les ecclésiastiques, à une certaine époque du moyen âge, furent obligés par les canons d'apprendre quelque art mécanique : saint Dunstan, homme d'état et homme d'église si éminent, était à la fois le meilleur orfèvre, le meilleur graveur, et même le meilleur forgeron de son temps.

Lanvallay.

Par sa lettre du 11 février dernier, M. le Préfet m'annonce qu'il recommande de nouveau la conservation des pierres tombales de l'église de Lanvallay ; de cette église à laquelle Pierre de Lanvallay rapporta de la croisade, dit la tradition, un morceau du manteau de la Sainte Vierge.

Vous vous rappelez peut-être, Messieurs, qu'à l'occasion de cette tradition et des croisades, je crus devoir protester, au nom de la Société Archéologique des Côtes-du-Nord, contre l'interprétation donnée par quelques personnes à un passage de la Revue de l'Armorique, relatif à la croisade de Saint Louis.

Le savant rédacteur de cette Revue a reconnu avec moi que la liste des croisés publiée, page 55 du numéro 1er de la Revue, n'était ni complète, ni exclusive ; que, loin de contenir les noms des seuls Bretons qui se croisèrent en 1249, elle ne faisait connaître que les noms d'un petit nombre d'entre eux, extraits de quelques transactions stipulées pour le passage en Chypre des croisés que ces transactions concernent ; qu'il fallait aux noms mêmes contenus dans ces stipulations particulières ajouter, avec quelques autres noms encore omis dans la Revue, celui, par exemple, de Hervé de S. Pern, notre compatriote, placé précisément en tête de la transaction où se trouve aussi le nom de Kérouartz que la Revue a imprimé. Les Bretons étaient en grand nombre à La Massoure où ils combattirent avec le comte de Goëllo, avec Guillaume de Broons, qui, tout couvert de feu gregeois, défendait le pont qui assurait la retraite du roi ; avec Pierre Mauclerc qui, les rênes de son cheval brisées et pendant à l'arçon de la selle retenue à peine par les deux mains du guerrier, s'arrêtait de temps en temps pour attendre et narguer les Sarrasins, encore épouvantés de sa valeur au milieu de cet héroïque désarroi ; avec André de Vitré qui y fut tué ; avec Geoffroy de Châteaubriant dont la femme mourut de joie en l'embrassant, tant son retour était inespéré, vu le grand nombre de Bretons, disent les chroniqueurs, qui périrent dans cette journée ; avec Guy de Mauvoisin , dont le corps de bataille était tout composé de son *Lignaige* ; *Lignaige* breton en grande partie ! Cet exemple de famille entière sous les armes, ce véritable dévouement de clan n'était pas nouveau ; il rappelait cette antique constitution des armées bretonnes dans lesquelles tous les guerriers d'une même race combattaient réunis sous le chef de la famille, *le Chieftain*. Une circonstance particulière d'ailleurs avait dû entraîner à cette guerre grand nombre de Bretons du pays nantais ; c'est l'appel qu'avait fait à tous les chrétiens d'occident le patriarche de Jérusalem , Robert qui , avant d'occuper le siége de Jérusalem , avait été évêque de Nantes.

Ces faits , le savant rédacteur en chef de la Revue les sait mieux que moi , mais la Revue de l'Armorique n'ayant pas publié la rectification qui nous avait été promise , j'ai cru devoir constater ici qu'elle a été consentie, parce qu'elle est d'équité historique.

Saint-Brieuc.—Statue de Duguesclin.

La statue du bon connétable , l'état de mutilation dans lequel nous souffrions de la voir ici presque abandonnée , avait excité la sollicitude de la société ; une lettre de Monsieur le Maire de S.-Brieuc m'annonce que les observations que j'avais adressées à ce sujet ont été accueillies et nos vœux exaucés.

Châtel-Audren.

M. L'abbé Blévin , l'un de nos collègues , avait demandé , dans notre dernière réunion , Messieurs , que la société s'occupât des moyens de préserver d'une destruction totale les peintures sur bois qui existent dans la chapelle Notre-Dame , près Châtel-Audren.

Consulté , à ce sujet, au nom de la société, M. Didron, secrétaire du comité historique des arts et monuments au ministère de l'instruction publique, a répondu qu'un moyen de préserver ces peintures serait de les faire dessiner et colorier telles qu'elles sont, pour les publier, si les ressources de la société le permettaient un jour; qu'à celles de ces peintures qui mériteraient , pour le sujet ou leur beauté , d'être transportées sur toile, on pourrait appliquer le procédé connu , mais très-dispendieux , au moyen duquel des tableaux de grand mérite , et sur bois , ont été sauvés. Ce moyen , Messieurs , la société ne saurait en faire l'application ; mais M. Didron promet de soumettre au comité des arts et monuments un rapport sur ces peintures, et de nous indiquer, si l'on peut le découvrir , un procédé de conservation et de transport plus facile et moins coûteux.

M. Didron termine sa lettre par l'assurance des dispositions sympathiques du comité historique du ministère pour la société archéologique des Côtes-du-Nord , et il annonce qu'en adressant au ministre nos publications , *nos annales* dont le savant secrétaire du comité a parlé avec tant d'obligeante indulgence , nous recevrons , en retour , les publications , instructions et bulletins historiques publiés par le gouvernement.

Grâces.

La société avait arrêté qu'un secours de cent et quelques francs serait sollicité de l'autorité supérieure, afin de faire placer un paratonnerre sur la charmante église de Notre-Dame de Grâces , frappée déjà par la foudre. La construction d'un presbytère, placé de façon à masquer une par-

tie des beautés architecturales de cette église, a été le sujet
de nos réclamations : l'autorité supérieure y a fait droit.

Beauport.

Des vœux, si non des espérances, Messieurs, avaient été
exprimés par nous relativement à l'église de l'abbaye de
Beauport : leur réalisation semble impossible.

L'autorité supérieure administrative est convaincue, et
avec raison, je crois, que la commune ne saurait faire une
église paroissiale des ruines actuelles, sans détruire ce qui
reste de monumental dans ces débris, lui fussent-ils concé-
dés par le propriétaire. Il faudrait des sommes énor-
mes pour une réparation qui fût, à la fois, une œuvre d'art;
il faudrait, Messieurs, pour relever l'église de Beauport, ce
zèle ardent du moyen âge, du 12ᵉ siècle surtout ; alors,
par exemple, que Jeoffred, abbé de Croyland, voulant reconstruire son église, obtenait du pape cette bulle qui faisait
appel aux princes et aux peuples, et qui inspira tant d'ardeur qu'au jour fixé pour la pose de la première pierre,
l'affluence des comtes, barons, chevaliers, abbés, prieurs,
simples religieux, gens de tout sexe et de tout état fut telle, et les libéralités si puissantes que chacun des assistants,
ayant placé une pierre et mis sur cette pierre son offran-
de, qui en argent, qui en actes de concession de terre,
en promesses de travail, de matériaux, de voitures, de
chevaux de transport, etc. etc., les dons déposés sur les
fondements suffirent à la construction totale de ce magni-
fique monument !

L'abbé donna à dîner à toute la compagnie ; il y avait
5000 convives.

Monuments de l'Ordre du Temple.

Je ne vous parlerai, Messieurs, des fâcheux démêlés auxquels a donné lieu la construction d'une sacristie à l'église

de Brélevenez, monument de l'ordre du Temple, que pour vous rappeler que les Templiers ont laissé autour de nous des traces de leurs établissements dignes de nos recherches.

L'un de nos collègues, M. de Geslin, secrétaire de la société, a visité, avec le zèle et le savoir que vous lui connaissez, la chapelle des *Fontaines* près Châtel-Audren, et il nous en promet une fidèle description. Pierre Mauclerc confirma les donations faites à la milice du Temple par Conan, par Hoël, par le comte Geoffroy, par la Duchesse Constance.

Nous retrouvons, dans la charité de concession de Conan IV, le nom de Quessoy (Kessoë, sic); celui de *Pléhérel*. Parmi ses noms de lieux peu éloignés de nous, nous lisons dans la charte de Conan : *et Eleemosina de Cruce-hahaguis. Cruce-hahaguis*..... Serait-ce le Créhat, en Plédran, où nous savons qu'il exista un établisement du Temple ? La petite chapelle que l'on y voit aujourd'hui est plus moderne, mais elle est pavée d'antiques pierres tombales couvertes des insignes de l'ordre du Temple et d'écussons de ses chevaliers.

Plus loin ; dans la même charté : *et Eleemosina de Grandi-Fonte....* Serait-ce l'établissement nommé aujourd'hui les *Fontaines* dont je vous parlais tout à l'heure ?

Je n'ai vu le nom de cet établissement, près Châtel-Audren, mentionné nulle part d'une façon qui rappelât plus positivement sa dénomination actuelle.

Il y avait une maison de lépreux à Châtel-Audren : par son testament de l'année 1215, Guillaume Le Borgne, sénéchal de Goëllo, fait un legs à cet établissement : *Domü, Leprosorum de Castro Audrein* (sic) XL. *Lib.*—La chapelle, l'établissement des Fontaines, de l'ordre du Temple, était vraisemblablement placée auprès de cet hôpital de lépreux.

Grâces, Plélo, La Magdeleine, Tregon.

L'Eglise de Saint-Emilion, comme celle de Grâces, comme celle de Saint-Léon en Merléac, le plan de la nouvelle Eglise de Plélo, les débris de la Magdeleine à Saint-Brieuc, le portail roman de Trégon ont été successivement l'objet de la sollicitude de la société dans des intérêts de conservation ou d'art chrétien : l'appui de l'administration est assuré à nos demandes et à nos observations.

Des monuments dignes d'intérêt, et menacés de destruction prochaine, nous sont signalés dans l'arrondissement de Loudéac : la société manque encore à ce sujet de renseignements suffisants ; elle agira dès qu'elle les aura recueillis.

Maroué.—Epées de Bronze.

Il ne me reste plus, Messieurs, qu'à vous entretenir de deux découvertes faites à Lamballe les 3 mars et 5 avril derniers, et dont vous avez déjà connaissance.

Les monnaies recueillies au couvent de Lamballe ne sont point assez rares pour donner lieu à des observations particulières ; mais il n'en est pas ainsi des quatre épées de bronze trouvées à Maroué, dont vous avez lu la description. Ces épées sont-elles romaines, gallo-romaines ou gauloises ?

Elles ressemblent beaucoup, ainsi qu'on l'a remarqué, aux épées décrites par Athénas, et trouvées dans le marais de Montoire. La similitude n'est pas parfaite pourtant.

Les épées romaines étaient acérées ; et, comme le reconnaît Athénas encore , Dion Cassius le dit formellement ,
en racontant leco mbat des Romains contre Arioviste.

S'appuyant néanmoins d'autorités respectables , et par
une suite de déducions critiques pleines de probabilités ,
Athénas conclut que les épées de Montoire sont romaines.

D'un autre côté , des épées presque identiquement semblables , de même dimension , de bronze aussi, de formes
pareilles , les unes retirées du lit de l'Oise en 1831 , d'autres
trouvées dans l'emplacement d'une vaste forêt signalée
par César , recouvertes d'un vernis écaillé en quelques endroits , et dont l'âme de la garde, aujourd'hui plate, devait
être recouverte de bois ou plutot de corne de cerf , sont
regardées par des hommes de science , comme d'origine
gauloise : c'est l'opinion de M. Paul Vasselin à l'obligeante
érudition duquel nous devons ces détails.

Enfin , on a trouvé en Normandie des haches en silex ,
des armes en bronze comme les épées de Lamballe , à
côté d'armes en fer évidemment de l'époque gallo-ro-
maine.

Hérodien, Tacite , Boxhorn , Cluvier disent que les
anciens Bretons se servaient d'épées attachées par une
chaine sur l'épaule gauche et tombant sur le côté droit ,
usage qui pourrait expliquer à quoi servaient les trous remarqués aux poignées des épées de Maroué ; mais ces
épées étaient longues , larges ,n'avaient pas de pointes et
étaient destinées seulement à couper. Il n'en est point ainsi
des épées trouvées à Maroué , ni de celles découvertes sur
l'emplacement de la vieille forêt dont parle César. L'une
de celles-ci, entre autres, est remarquable par la régularité
avec laquelle est *enlevée* une petite moulure qui règne le
long des *tranchants*.

Les érudits décideront.

Tels sont, Messieurs, les objets principaux qui ont jusques aujourd'hui occupé la société. Nous disputons le passé à la destruction, à celle, du moins, qui vient de la main des hommes ; l'avenir, à ce qui nous semble de barbares innovations. Nous ne saurions guères entreprendre aujourd'hui davantage ; nous agissons avec réserve, avec prudence, évitant, autant qu'il est en nous, de blesser les hommes en voulant défendre les monuments. Nous marchons avec quelque lenteur, peut-être ; mais nous désirons que notre institution s'acclimate, pour ainsi parler ; que l'on s'accoutume à notre intervention ; que nos efforts ne semblent pas importuns et se puissent perpétuer : le temps, a dit un des plus beaux génies de l'antiquité, ne consacre rien de ce qui s'est fait sans lui.

Juin 1843.

Ath. SAULLAY DE L'AISTRE,

Président de la Société Archéologique des
Côtes-du-Nord.

Conformément à l'art. VI de ses statucs, la Société Archéologique des Côtes-du-Nord se réunira, en séance annuelle, le vendredi 30 Juin, à deux heures, à la bibliothèque publique de S.-Brieuc.

FRAGMENT DE LA CHRONIQUE

DE

MERDRIGNAC.

❖

On n'est pas d'accord sur l'étymologie de Merdrignac : il y a plus de deux siècles que le géographe Nicolas Samson faisait venir Merdrignac de *Martis fanum*, et plaçait en ce lieu le temple de Mars qui , selon les itinéraires romains , était à 14 milles ou 5 lieues de Reginea , placée par le même à Rohan. Gallet adopta cette opinion. D. Morice la suivit dans sa carte d'Armorique. Dans la commune de Merdrignac , au sud-est , vers Illifaut , est un lieu remarquable par les restes d'un *Galgal* , le nom de *Mas-Fray* qu'il porte semble rappeler le Fanum Martis. Quoi qu'il en soit, Ruffelet condamna cette opinion en montrant que la *Reginea* , devant être auprès de la mer , ne pouvait être trouvée à Rohan, ni par suite le *Fanum* à Merdrignac. Deric, pour enchérir sur cette observation , généralement admise , a donné une autre étymologie de Merdrignac, qui n'inspire pas plus de confiance que la plupart de celles qu'il a inventées. La voici : *med* , forêt , *rin* , belle , *ac* , habitation : habitation au milieu d'une belle forêt. La position de cette petite ville presqu'au centre géométrique de la Bretagne pourrait aussi faire dériver son nom de *Media Armorica*, ou bien il viendra si l'on veut, de *Media Aqua*, à cause qu'elle est presque environnée de rivières.

Merdrignac remonte au moins au commencement du XII siècle : dans un titre de Marmoutiers, sous la date de 1118, on voit un Robert de Merdrignac, *Robertus de Medrenniaco*, parmi les témoins laïques de la donation faite au prieuré de S. Martin de Josselin, par Geoffroy, vicomte de Porhoet; et D. Morice, dans sa carte, déjà citée, de l'ancienne Armorique, ne fait figurer des Côtes - du - Nord que Corseul, Broons, Sant-Brieuc, Guingamp et Merdrignac; ainsi selon le savant bénédictin, ce dernier lieu n'aurait dans le département que quatre rivaux sous le rapport de l'ancienneté.

En 1164, le fils de Robert, Raoul (*Radulphus*) de Merdrignac, et Josse, (*Joscius*), fils de celui-ci, sont aussi témoins la donation de cent quarts de blé, *centum quarteria bladi*, de la moitié du passage de Nenian, moins la dîme appartenant aux moines de Rhedon, et du tiers du bouteillage de Vannes, faite par Eudon, comte de Bretagne, aux moines desservant l'église du château de Josselin, au prieuré de S. Martin.

En 1201, Ginan de Merdrignac est témoin d'une sauvegarde accordée aux moines de S. Jacut, par Eudon III, vicomte de Porhoet.

En 1218, Robert, vicomte de Merdrignac, épouse Dénise Goyon de Matignon. En 1248, Robert est estimateur au 3ᵉ partage des biens de Porhoet. En 1252, 57 et 59, ces deux époux, n'ayant point de postérité, firent plusieurs donations à l'abbaye de S.-Aubin-des-Bois dont les religieux reconnurent, en 1278, Dénise Goyon pour leur fondatrice. On voit, encore, au croisillon sud de la chapelle de S.-Aubin, le tombeau de ces deux bienfaiteurs couvert de leurs statues, et auprès du chœur est un tableau ancien sur lequel on lit

Sponsalia dona Roberto. Ce sont encore des traces de la reconnaissance des religieux envers ces deux époux qui avaient fourni aux frais de restauration de leur abbaye qu'un incendie avait detruite.

Une riche héritière, Jeanne de Merdrignac, réunissait, en 1294, la vicomté de Merdrignac et la baronnie de la Hardouinaye en S. Launeuc (1). Depuis, ces deux seigneuries n'onplus été séparées. La Hardouinaye étant un château très-fort, flanqué de quatre superbes tours, environné de larges douves sur lesquelles s'abattait un pont levis, devint la demeure ordinaire dans ces temps de guerre, et le manoir de Merdrignac, dont il ne reste aucune trace, fut négligé. Il est vraisemblable que ce fut vers ce temps que fut établi comme juveignerie le petit fief de Timadeuc dont l'humble castel s'appelait la Peine en 1429, la Payganie en 1513 et aujourd'hui La Peignie.

A l'époque susdite de 1294, Jeanne de Merdrignac donna sa main à Jean de Beaumanoir, 2ᵉ du nom, dont l'illustre famille venait du Maine. Le premier de ce nom dont on ait connaissance, est Hervé de Beaumanoir qui vivait en 1202. Jean ii de Beaumanoir eut trois fils : Jean iii, Guillaume et Robert. L'aîné, Jean iii, Seigneur de Beaumanoir, de Merdrignac et de la Hardouinaye, s'allia à Marie de Dinan, fille de Messire Rolland ou Robert de Dinan, seigneur de Montafilant et de Thomasse de Châteaubriant, laquelle Marie eut en mariage 200 livres de rente ; leurs enfants furent Jean IV du nom et Robert.

Jean IV, seigneur de Beaumanoir, de Merdrignac, de la Hardouinaye et de Moncontour, fut, après Duguesclin, le plus renommé des preux. Il remplaça son oncle Robert dans le grade de Maréchal de Bretagne pour Charles de

---

(1) Saint-Launeuc est une petite commune voisine.

Blois.

Blois. Il fut capitaine de Josselin, lieutenant général de l'armée contre les Anglais , chef des trente Bretons qui se battirent, le 4ᵉ dimanche de Carême 1351 , contre 30 Anglais. Ceux-ci furent vaincus, mais Beaumanoir fut blessé en remportant la victoire. Il épousa d'abord Tiphaine de Chemillé en Anjou et, en deuxièmes noces , Marguerite de Rohan , fille d'Alain VII et de Jeanne ou Marguerite de Rostrenen , fille de Jean de Rostrenen et de Marguerite d'Avaugour. Ladite Marguerite de Rohan , après la mort de son mari Jean de Beaumanoir , se remaria à Ollivier de Clisson , Connétable de France.

Du premier mariage sortirent Jean V , Robert et trois filles qui furent toutes hautement mariées. Du deuxième lit vinrent : 1° Jeanne qui épousa Charles de Dinan , seigneur de Châteaubriant et de Montafilant : ladite Jeanne hérita plus tard de tous les biens de son père ; 2° Isabeau , femme de Jean Tournemine , seigneur de la Hunaudaye ; 3° Marguerite, femme de Galhot , seigneur de Rougé , de Derval et de la Roche-Diré , et Vicomte de la Guerche en Touraine.

Où naquit Jean IV le plus illustre de cette illustre famille ? C'est une question qui ne sera peut-être jamais resolue. Evran n'est pas admissible à le réclamer : c'est une branche cadette dite du Besso , qui s'établit dans cette paroisse. Toujours est-il que la Hardouinaye était le principal manoir de ceux qui donnèrent le jour à ce héros.

Jean V son fils , seigneur de Beaumanoir, de Merdrignac et de la Hardouinaye, rendit de grands services à Jean le Conquérant, duc de Bretagne, et suivit Bertrand Duguesclin en 1370 avec 19 écuyers. Il épousa Tiphaine Duguesclin , fille unique de Pierre, seigneur du Plessix-Bertrand, et de Julienne , dame de Denonval. Il mourut sans enfants le 14 février 1385 , tué à coups de hache par Rolan Moysan son fermier dont il fréquentait trop la fille. Ce meurtre fut commis à l'instigation de Pierre de Tournemine qui épousa la veuve de la victime, Tiphaine Duguesclin.

On voit aux archives de l'église de Dol qu'un Ginan de Merdrignac, père de feu Robert, donna, vers 1377, une demi-mine de froment au monastère de Saint-Michel et autant au chapitre de Dol, à prendre au fief de Renaut Gilbert, en la paroisse de Ros. Ce doit être un membre de la famille de Merdrignac oublié par les chroniqueurs.

Jean V eut pour successeur son frère Robert qui, ayant découvert le crime de Tournemine, ne le laissa pas impuni, mais, selon l'usage du temps, il combattit en champ clos sur la place du Bouffay de Nantes, avec autorisation et en présence du duc et de toute la cour ; le déloyal chevalier qu'il vainquit.

Après ce combat singulier dont on parla dans toute la France, le brave Robert eut la générosité d'obtenir du duc par prières que le vaincu ne fût ni traîné ni pendu. Il était alors de règle que l'accusé d'un crime capital succombant dans ce genre de combat était après livré au bourreau pour être pendu.

Robert mourut en 1407, aussi sans enfants. Il fut le dernier seigneur de Merdrignac du nom de Beaumanoir. Cette glorieuse famille y avait régné 113 ans. Alors Merdrignac et la Hardouinaye passèrent dans la famille de Dinan qui descendait des anciens ducs. Cela se fit par le troisième mariage de Charles de Dinan avec Jeanne de Beaumanoir, fille de Jean IV, héros des trente et de Marguerite de Rohan, sa deuxième femme, ou, selon d'autres, de Marguerite de Rostrenem. Charles n'avait point eu d'enfants de ses deux premières femmes : celle-ci lui donna cinq garçons : Henri, Rolland, Robert, Bertrand et Jacques, et deux filles : Thomine, le nom de la deuxième est inconnu. Nous verrons Merdrignac et la Hardouinaye passer successivement aux quatre premiers garçons , puis à la fille unique du cinquième et plus tard aux descendants de Thomine.

L'héritière de Beaumanoir apporta les terres et seigneuries de son père et de sa mère à son mari qui possédait Dinan et Châteaubriant, et joignit ainsi à ses belles propriétés celles de Beaumanoir de Merdrignac , de la Hardouinaye , du Guilledo et de Rohan. Jeanne de Beaumanoir mourut le 25 Juin 1398. Charles son mari donna aussitôt à son fils aîné, Henri de Dinan , les seigneuries de Beaumanoir , de la Hardouinaye , de Merdrignac et du Guilledo : ce fils mourut sans avoir été marié en 1403.

Rolland , son frère , lui succéda aux seigneuries maternelles en 1404 et à son père en 1418, pour la baronnie de Châteaubriant , puis il mourut un an après sans enfants. Robert lui succéda et décéda aussi sans postérité en 1429, transmettant ses biens à Bertrand, seigneur de Huguetières au pays de Rais, de Chantoceaux, et Maréchal de Bretagne du temps du duc Jean V. Quoique Bertrand eût épouse deux femmes , d'abord Marie de Surgère, ensuite Jeanne d'Harcourt, il n'eut point d'enfants et il mourut en 1444.

Son frère Jacques, cinquième fils de Charles de Dinan et de Jeanne de Beaumanoir, ne lui succéda pas, parce qu'il était mort 21 jours avant lui ; mais ledit Jacques avait laissé une fille , Françoise de Dinan , qui recueillit les biens de tous ses oncles. La mère de celle-ci était Catherine de Rohan qui, devenue veuve, se remaria à Jean d'Albret, et de ce mariage sont issus les rois de Navarre qui ont existé jusqu'au 17ᵉ siècle.

Thomine de Dinan, sœur des cinq frères dont nous venons de parler, épousa messire Jean de la Haye, chevalier, seigneur de Passavant , de Chemillé en Anjou et de Mortaigne en Poitou. De ce mariage sortirent deux fils , Jean et

Bertrand, dont on ne dit rien, et une fille, Louise de la Haye, qui fut mariée à Jean de Sepeaux dont la postérité recueillera, comme nous le verrons, la seigneurie de Merdrignac et la Hardouinaye.

Haute et puissante dame Françoise de Dinan, dame de Châteaubriant, de Candé, de Vioreau, des Huguetières, de Montafilant, de Beaumanoir, du Guilledo, de la Hardouinaye, de Merdrignac, du Bodister, etc., fille unique de Jacques de Dinan et de Catherine de Rohan, naquit le 20 Novembre 1436. Elle fut mariée, à peine âgée de neuf ans, au prince Gilles de Bretagne, troisième fils du duc Jean V et de Jeanne de France, fille du Roi Charles VI. Ce prince, après avoir été quatre ans prisonnier, fut cruellement étranglé au château de la Hardouinaye, victime des perverses calomnies d'Artur de Mautauban qui espérait, par ce crime, obtenir la main de Françoise de Dinan. Il fut déçu et heureux d'échapper à la mort, juste châtiment de son forfait, en se renfermant dans un couvent d'abord à Marcoussi, ensuite à Paris. Enfin, ce qu'on aura peine à croire, il mourut Archevêque de Bordeaux.

Les cruelles souffrances du Prince ont fourni le sujet d'un roman à d'Arnaud dans les épreuves du sentiment. Le même sujet a été traité depuis avec plus de succès par le vicomte de Walsh.

L'année de la mort du Prince, sa veuve, qui n'avait pas encore quatorze ans, se remaria à Guy XIV du nom, comte de Laval, baron de Vitré, vicomte de Rennes, veuf d'Isabeau de Bretagne, sœur du susdit Gilles. Guy de Laval mourut en 1486. Françoise de Dinan, veuve pour la deuxième fois, épousa clandestinement un simple écuyer picard, appelé Jean de Proési. Son testament, daté du 31 octobre 1489, révèle cette mésalliance. L'acte contient plusieurs pieuses fondations et des donations considérables faites à ce troisième mari. Rymer, en son douzième volume, p. 444, a inséré un sauve-conduit pour parcourir l'Angleterre donné à Françoise de Dinan par le roi de cette île en 1461. L'acte suppose que cette puissante dame voyageait avec un grand appareil et un nombreux cortége. Elle mourut à Nantes le 3 Janvier 1499 et fut inhumée au chœur de l'église des frères-prêcheurs de cette ville. Elle n'avait point eu d'enfants du Prince Gilles, mais elle eut de Guy de Laval, quatre fils : Pierre qui mourut avant elle, François, Jacques et Jean.

François de Laval succéda à sa mère et prit en mariage, du vivant de celle-ci, Françoise de Rieux, de Derval, de Rougé, de Maletroit, de Chateaugiron, de la Bellière, du Largouet, de S. Mars de la Pile de, Guémené, Penfault, de Jans, de Tail, d'Amanlis, etc., de laquelle il eut deux fils, Jean et Pierre ; il mourut en 1403 à Amboise et fut enterré à Châteaubriant, en l'église de la Trinité. Sa veuve lui survécut 29 ans, vivant vertueusement et religieusement au saint état de veuve et exerçant les œuvres de miséricorde envers les pauvres.

Elle mourut en 1532.

Son fils aîné, Jean de Laval, recueillit tous les biens des auteurs de ses jours, moins Montafilant que Pierre avait eu en partage et qu'il donna en mourant à sa femme dont il n'eut point d'enfant. Le susdit Jean prit en mariage Françoise de Foix, fille de messire Odet de Foix, gouverneur de Guyenne, et de Charlotte d'Albret. De ce mariage naquit seulement une fille nommée Anne, qui mourut jeune avant son père. Celui-ci se distingua en Italie où il avait suivi François Ier qui le récompensa en lui donnant des décorations et la lieutenance générale des duché et pays de Bretatagne. Etant sans enfants et peut-être peu content de ceux qui devaient recueillir sa succession en ligne collatérale ; il vendit et aliéna plusieurs de ses terres et seigneuries et en donna d'autres à ses amis, spécialement à messire Anne de Montmorency, connétable de France. Il mourut le 11 février 1542, âgé de 56 ans. Il fut inhumé à Châteaubriant. A sa mort, cette immense fortune s'évanouit par le morcellement, comme un colosse se brise dans sa chute.

Cependant, une grande partie de ces biens, spécialement la Hardouinaye et Merdrignac, furent recueillis collatéralement par les descendants de Thomine de Dinan dont nous avons parlé. Sa fille Louise de la Haye, ayant épousé Jean de Sepeaux, en eut un fils nommé François, qui prit en mariage Marguerite d'Estouteville qui eut deux fils, Guy et René. Le premier épousa Jeanne de Giury et en eut un fils auquel il donna son nom. Celui-ci se maria à Charlotte de la Marzelière qui lui donna deux fils, Guy et Robert. Le dernier ne se maria point et le premier s'allia à Marie de Rieux. C'est ce Guy de Sepeaux qui obtint quelques débris de la fortune de Jean de Laval. Il n'eut qu'une fille, Catherine de Sepeaux, qu'épousa Henri de Gondy, duc de Retz, pair de France, chevalier des ordres du Roi. La famille de Gondi, venue de Florence, fut attirée à la cour de France auprès de Charles IX par Catherine de Medicis. Elle a fourni à l'Eglise trois Cardinaux, dont un évêque et deux archevêques de Paris.

M. de Gondi vendit, vers 1666, la Hardouinaye et Merdrignac à deux frères appelés Douesseau, fermiers généraux ou banquiers à Paris. Ceux-ci, dit-on, établirent les étangs et la grande forge de la Hardouinaye. L'un mourut sans postérité, l'autre laissa une fille qui épousa M. Derval, et donna naissance à Émilie Derval, épouse de Bertrand de Saint-Pern. La famille de Saint-Pern a conservé jusqu'à nos jours la Hardouinaye qui appartient maintenant aux enfants de M. Alexandre de La Lande-Calan, du chef de leur mère, N. de Saint-Pern, décédée en 1839.

Souchet, chanoine.

NOTICE DESCRIPTIVE

DE L'ANCIENNE CHAPELLE DE NOTRE-DAME DES FONTAINES,

PRÈS CHATELAUDREN.

Dans le savant et lumineux rapport placé en tête de ce numéro de nos Annales, notre Président a mentionné une ruine qui a longtemps fixé l'attention de plusieurs antiquaires de notre pays, et qui a ouvert un vaste champ à leurs travaux et à leurs conjectures. Je caractériserai d'un mot la difficulté de cette énigme de pierre, incessamment offerte à nos érudits, en disant : notre Président d'honneur lui-même, m'a-t-on assuré, après des recherches faites, comme chacun sait qu'il les fait, n'a pu arriver à aucun résultat positif, et il semble y avoir renoncé.

Ce seul fait serait bien de nature à décourager les plus hardis, si ce petit édifice n'était, par sa forme, par ses matériaux, par les débris de son antique splendeur, une sorte de défi qui se dressera ironiquement devant notre société, tant que le mystère qui l'enveloppe n'aura pas été percé à jour. Certes, il y aurait plus que de la présomption à penser qu'on sera plus heureux que M. le comte de Kergariou, en parcourant des routes qu'il a explorées ; mais, pour arriver au but, n'est-il pas d'autres voies qu'on pourrait tenter ? Si, par exemple, les poudreuses archives du pays n'offrent rien de satisfaisant sur ce que nous nommons encore le *Prieuré des Fontaines*, ne serait-il pas possible de déterminer, par les caractères de l'architecture, la période historique à laquelle il appartient originairement, celles auxquelles il se rattache par ses principales restaurations ? Ne serait-il pas possible encore de reconnaître, dans l'ensemble de ses formes, les mœurs, les besoins qui les ont préparées, et d'en conclure ses diverses et successives destinations ?

D'ailleurs, l'intérêt historique n'est pas le seul qui appelle l'attention de la Société Archéologique sur Notre-Dame des Fontaines ; l'art s'oppose non moins vivement à ce que nous laissions disparaître sans retour cette page fort curieuse et déjà plus qu'à demi-effacée de notre histoire locale. L'ornementation des portes est d'un goût trop pur, d'un style trop rare parmi nous et d'un travail trop délicat, pour que nous l'abandonnions plus long-temps aux ravages des curieux et des enfants. De larges pans de murs, recouverts d'un badigeon grossier, portent des traces de peintures polychromes trop anciennes pour qu'on les laisse achever de s'abîmer en poussière, avant de les avoir soigneusement interrogés. Enfin, ce schiste verdâtre, la seule pierre tendre de notre pays, perdue depuis si long-temps et si heureusement retrouvé naguère ; ce schiste qui forme là non-seulement toutes les parties ornées, mais encore toutes les parties fortes, y a revêtu des formes trop correctes et trop élégantes, pour n'être pas présenté comme modèle à nos jeunes sculpteurs.

Telles sont les considérations qui m'ont porté à réunir, dans une description rapide, quelques-unes des principales dispositions de cet édifice, qui me semble mériter réellement l'attention. En m'imposant ce modeste travail, je n'ai eu d'autre espoir que de provoquer de nouvelles études qui, en tout cas, ne peuvent être sans fruit, et d'offrir aux hommes instruits en ces matières quelques matériaux laissés à l'écart ; tout incomplets qu'ils sont, peut-être ne leur seront-ils pas inutiles.

Description générale.

Le prieuré des Fontaines, qui est aujourd'hui le siége d'une ferme, est situé à environ 2 kilomètres en aval de Chatel-Audren, sur la rive gauche du *Lef* (rivière des Pleurs). Il se compose aujourd'hui d'un vaste enclos muré, d'un assez beau bâtiment d'habitation, d'un beau bâtiment d'exploitation et d'une chapelle. Le mur d'enclos est assez bien conservé, et renferme des restes de constructions beaucoup plus anciennes et d'un appareil plus riche aux approches de l'habitation, que l'habitation elle-même. Sur plusieurs points de ces restes, ont poussé, dans l'interstice des pierres, des chênes qui ont depuis long-temps acquis tout leur développement. Ces restes n'ont d'ailleurs rien de remarquable qu'un contre-fort auquel on a voulu manifestement adosser le bâtiment d'exploitation, qui en est aujourd'hui tout-à-fait détaché ; ce contrefort n'a pas moins de 3 mètres 50 c. de saillie à sa base sur un mètre de large ; il me paraît avoir dû appartenir à une construction moitié civile, moitié militaire du xiie siècle.

Les bâtiments sont plus modernes et me semblent pouvoir être attribués au commencement du xve siècle ou à la fin du xive. La tradition dit que cette propriété, d'abord aux Templiers, passa ensuite à l'ordre de Malte. Il est probable que ce dernier, en changeant la destination de ces biens, produit d'une confiscation, voulut en effacer tout ce qui y rappelait le souvenir d'un rival. Les chevaliers de Malte en firent sans doute une simple exploitation rurale , ne conservant des anciennes constructions que ce qui rentrait dans le plan nouveau , et la chapelle. Bien que les bâtiments actuels aient été richement établis , il est évident que ce n'a jamais été là le siége d'un prieuré ni de l'un ni de l'autre ordre ; avec quelqu'attention , l'œil le moins exercé ne peut s'y méprendre. Comment donc expliquer , sinon par une constante préoccupation , ce qui me semble une si manifeste méprise d'un de nos plus célèbres antiquaires (1), qui a positivement déclaré que les bâtiments actuels avaient servi de demeure à un prieur de l'ordre du Temple et à ses chevaliers. Les trois têtes presque frustres qui ornent les pointes de l'ogive servant de porte d'entrée ne peuvent donc être considérées non plus , selon moi, comme le symbole des trois classes de l'ordre du Temple (2) ; tout au plus serait-ce la figuration des trois états de Malte, les chevaliers , les chapelains et les servants d'armes. La tête au sommet porte les cheveux longs ; celle de droite une sorte de capuce ou de casque , représentant assez le bonnet phrygien ; celle de gauche a la tête rasée.

Ce premier coup d'œil suffira , sans doute , pour montrer que c'est sur la chapelle que doit se concentrer surtout l'intérêt : c'est de cette partie aussi que je vais m'occuper avec quelque détail.

Description de la Chapelle.

En pénétrant dans la cour de la ferme actuelle , le visiteur est agréablement frappé du pittoresque des ruines qui se présentent à sa droite. Là , près d'une fontaine , sous d'épaisses touffes de vigne , de sureau , de lierre et d'autres

---

(1) M. le chevalier de Fréminville. *Antiquités des Côtes-du-Nord.*
(2) Le même , *Id.*

plantes sauvages, on aperçoit, à demi-cachées sous ces verdoyantes draperies, une antique fenêtre et une porte ornée des moulures les plus délicates, de l'effet à la fois le plus simple et le plus gracieux. Ces pierres vertes, toutes sculptées en végétaux, s'harmonisent merveilleusement avec la longue chevelure végétale qui est là aujourd'hui comme pour voiler les ravages du temps, et surtout du vandalisme.

En pénétrant au milieu de ces débris, on reconnaît un rectangle de 17 m. 40 cent. sur 5 m. 60 c., partagé en trois parties égales par des murs qui s'élevaient, semble-t-il, de toute la hauteur de l'édifice ; de sorte que chaque partie forme un carré à peu près parfait. Au milieu de la première, qui formait le sanctuaire, gît l'autel démoli et une statue de la Vierge, en tuffeau, qui, bien que brisée, est encore en grande vénération dans le pays. La tête, déposée dans un coin, est habituellement ornée de coiffes, que les paysannes y apportent d'assez loin pour se guérir des maux de tête. Cette partie de la chapelle ayant été la plus respectée, c'est dans celle-là qu'on peut étudier le plus facilement le caractère primitif du monument. Elle est ornée d'une grande fenêtre au fond, derrière l'autel ; de deux petites fenêtres latérales, de deux portes, dont l'une ouvre sur la cour ; l'autre est entièrement bouchée par des terres en pente douce, qui masquent toute la façade méridionale de la chapelle. Comme cette façade a été, pour le moins, aussi délicatement travaillée que la façade nord, il est évident que, fort anciennement, il y a eu de grands changements dans l'ensemble de la propriété, et que ces changements n'ont nullement respecté un vrai chef-d'œuvre ; ce qui me semble annoncer clairement un changement de maître et justifier la tradition.

Deux époques bien distinctes se font reconnaître dans

le sanctuaire : l'une, qui est manifestement de l'origine de l'édifice, me semble de la seconde moitié du xiie siècle (1); l'autre, qui se borne d'ailleurs à la fenêtre du fond, me semble de la même époque à peu près que les bâtiments. Le sanctuaire a conservé ses principaux murs dans toute leur hauteur (environ de 6 à 7 m.), et ce n'est que depuis une vingtaine d'années que le toit s'est abîmé. Cet accident avait été préparé par la chute du clocheton qui, placé à la séparation des deux premières parties de la chapelle, a, en tombant, percé la toiture et la voûte, et brisé le bord de la pierre d'autel. Ce clocheton pouvait être de l'époque de la grande fenêtre et des bâtiments de la cour ; il était composé du même granit et affectait aussi la forme ogivale.

Dans la partie primitive de l'édifice, la pierre schisteuse verte est beaucoup employée, non - seulement sculptée, mais répandue dans les murs, et surtout dans les places qui demandent le plus de force. Toutes les parties moins anciennes et les bâtiments actuels, au contraire, ne contiennent, avec le moellon, que le granit vulgaire du pays. Un autre caractère essentiel sépare les deux constructions : la première est composée d'un ciment fort dur, dans lequel n'a dû entrer que du sable de mer, qui contient encore beaucoup de coquillages, et, chose particulière, une assez grande quantité de charbon ; rien de semblable ne se trouve dans les constructions plus modernes. Enfin, la différence est si grande entre la richesse et le fini de l'ornementation des deux constructions, que je ne puis vraiment comprendre qu'elle n'ait pas, à première vue, frappé le savant antiquaire que j'ai déjà cité.

Mais complétons la description du sanctuaire. Les portes,

____

(1) Je n'ai vu aucun caractère particulier qui indiquât plutôt la fin que le commencement du xiie siècle.

la partie la plus curieuse de ce qui reste debout, sont placées latéralement, en face l'une de l'autre et au bas du sanctuaire. Elles ont, sous clef de voûte, 2 m. 3o cent. d'élévation, sur un peu plus de 1 m. d'ouverture. Elles sont à plein cintre, ornées de colonnettes engagées, à chapiteaux et à feuillage varié, tantôt de fantaisie, tantôt naturel ; ainsi j'y ai remarqué le crochet, l'imitation de l'acanthe, la feuille de chêne, celle de vigne, etc. Le tout est fouillé profondément, hardiment et avec un rare bonheur. Les archivoltes sont aussi ornées avec soin ; le principal ornement est une guirlande d'*étoiles* ou *molettes*, et non pas des *zigzags*, comme on l'a écrit. A droite et à gauche, un peu en avant de l'autel, se trouvent symétriquement deux fenêtres cintrées, à lancettes, sans ornement. L'axe d'ouverture de ces fenêtres est fortement incliné par rapport à la direction du mur. —Un cordon de pierre brisé semble avoir dû s'opposer à ce que l'autel primitif portât un gradin comme nos autels modernes ; ce serait là un souvenir assez caractérisé de l'Orient. Du côté de l'épître se trouve pratiqué, dans le mur, une sorte de niche cintrée, sur la pierre de laquelle est encore creusé un petit bassin manifestement destiné aux ablutions de la sainte Messe. J'ai remarqué quelque chose d'analogue dans plusieurs églises attribuées aux Templiers, notamment dans la curieuse chapelle de Saint-Léon, en Merléac.—Des culs-de-lampe, placés aux angles, annoncent des nervures de voûtes qui étaient vraisemblablement de la même main que les portes et d'un travail non moins délicat. Malheureusement il n'en reste plus rien. — De larges placards de badigeon recouvrent encore une partie des murs, et laissent apercevoir qu'ils cachent des peintures. Il est bon de ne pas perdre de vue que, dans ces derniers temps, on a ainsi découvert, et tout récemment près de Quimper , des peintures historiques du plus haut intérêt.

Le mur qui sépare le sanctuaire de la partie intermédiaire de la chapelle est ouvert par un portique du même temps et du même travail que les portes. Il a, sous clef, 3 m. sur un peu plus de 2 d'ouverture. Sa forme est d'une élégance pleine de dignité. Il est probable qu'il portait un de ces riches rideaux qui s'ouvraient et se fermaient dans les cérémonies religieuses, comme il se pratique encore dans l'Orient. — La partie mitoyenne de la chapelle n'a point été respectée comme le sanctuaire, et a subi diverses modifications, de sorte que l'étude en est fort difficile. Toutefois, il est évident que cette partie n'a jamais été ornée comme l'autre, bien que du même temps. On y retrouve encore les deux fenêtres à lancettes et les portes symétriques ; seulement celles-ci n'ont d'autres ornements que des archivoltes à *dents-de-scie*. A cette porte commence à se faire sentir , mais bien vaguement encore, la forme ogivale. On dirait une tentative d'innovation , mais toute timide et loin du sanctuaire où étaient seules admises encore les formes consacrées. Un mur, tombé depuis quelques années seulement, séparait cette deuxième partie de la chapelle de la troisième. Ce qui reste du mur n'accuse pas de porte de communication.

On ne pénètre qu'à grand'peine dans la troisième partie entourée de débris, et qui avait été transformée en logement, puis en retraite à moutons. Il est impossible de distinguer, d'une façon précise, son caractère primitif. On croit seulement qu'elle avait une chambre ayant une fenêtre sur la chapelle. Un pont jeté sur le passage qui conduit à la fontaine, donnait une communication directe de l'enclos à cette chambre.—Ce qui est certain , c'est que l'eau de la fontaine était amenée du dehors dans une espèce de réservoir ou bassin ayant la forme d'une fontaine ogivale, et qui était pratiqué dans l'angle nord du bas de la chapelle. Cette fontaine intérieure est très-ancienne ; la pierre schisteuse la forme entièrement, moins le sommet, qui est en granit. Ce qui donnerait à penser que pour un motif ou un autre, lorsque, dans le xive siècle, on transforma le plein-cintre de la fenêtre de l'autel en cette lourde ogive qu'on employait alors dans le pays, une mutilation analogue fut pratiquée sur la fontaine. L'enlèvement des décombres permettrait peut-être de reconnaître si ce réservoir était destiné à des ablutions ou au baptême, ce qui me semble plus probable. Toujours est-il qu'elle était consacrée à un usage religieux ; car, tant qu'elle a contenu de l'eau, on venait en chercher contre toutes sortes de maladies, et lorsque la chute d'une partie de la voûte l'a comblée, ç'a été pour le pays un sujet de deuil. Bien qu'enfouie sous les décombres, abandonnée avec une certaine affectation et reléguée dans le fond d'une étable, elle n'avait rien perdu de la confiance qu'elle inspirait à nos populations : noble et pacifique protestation d'un peuple fort dont on peut heurter les croyances, détruire le culte, mais du cœur duquel la violence ne saurait arracher la Foi.

Bien que l'entrée de la cour et que le seul chemin qui y mène soient à l'orient par rapport à la chapelle, celle-ci est convenablement orientée ; preuve de l'importance qu'on attachait alors dans l'orientation des églises.

Il me reste peu de chose à ajouter désormais. Le pignon occidental de la chapelle forme, aujourd'hui, le soutènement des masses de terre de l'enclos ; en déblayant, on verrait s'il en fut toujours ainsi, ou si ce pignon contenait antérieurement une porte. La porte qui ouvrait dernièrement sur cette troisième partie de la chapelle est sur la façade nord et sans intérêt. Au chevet de l'église, deux contre-forts peu saillants accusent bien le xiie siècle.

Je terminerai cette notice par les hypothèses, à mon avis, les plus rationnelles qui ont été faites sur ce monument. Les uns, en voyant les murs élevés de l'enclos, sa position isolée, le peu d'étendue des bâtiments, en considérant surtout cette chambre n'ayant qu'une fenêtre pouvant seule mettre en communication avec la chapelle, ont pensé qu'il y avait eu là pour les Templiers non un prieuré, mais un établissement pénitentiaire. D'autres ont cru que ce devait être un petit hôpital, une maladrerie, peut-être une léproserie pour ceux de l'ordre qui étaient atteints de ce mal affreux, et que la chambre située au-dessus du baptistaire était destinée à permettre aux malades d'assister aux divins mystères. Dans le monde, ils en étaient exclus, et, à ces époques pleines de foi, c'était sans nul doute la plus douloureuse privation de ces pauvres pestiférés. Qu'y aurait-il donc d'étonnant à ce qu'un grand ordre ait montré pour les siens une sollicitude plus intelligente et plus charitable ? — Peut-être aussi cet établissement tenait-il de ces deux destinations ; peut-être le service de ces malades abandonnés de tous était-il donné et accepté comme la pénitence de quelque grande faute.

Ce qui rend à peu près certaine l'hypothèse d'un établissement sanitaire en ce lieu dans un temps plus ou moins reculé, c'est d'abord le texte de la donation citée par notre savant Président, et qui semble bien se rapporter au lieu des Fontaines, près Chatel-Audren. C'est aussi la tradition qui fait encore de ces ruines un lieu de pèlerinage contre plusieurs maladies.

Mais, ce qui est incontestable pour tous, c'est qu'il y a là des ruines à consulter avec soin, un hiéroglyphe à déchiffrer, un jalon laissé par nos pères sur la route qu'ils

ont

ont suivie, et qu'il faut nous hâter de marquer avant qu'il s'affaisse. C'est là une tâche digne de la Société archéologique des Côtes-du-Nord. Et, ce qui ne serait pas moins digne d'elle, ce serait de travailler à rendre à ces contrées le lieu saint, objet de leur antique vénération, ou tout au moins à sauver d'une ruine prochaine ces ravissantes portes, qui ne dépareraient certes pas nos plus gracieux édifices. Je lui signalerai aussi deux statues fort anciennes et curieuses, qui ont été transportées de la chapelle dans le grenier du fermier actuel. Elles sont en cœur de chêne et assez bien conservées. L'une, un saint Jacques, de grandeur ordinaire, est d'un beau galbe et traité avec soin. Je ne serais pas éloigné de penser qu'elle soit de l'époque primitive de la chapelle. L'autre est moins ancienne et d'un travail bien inférieur, mais remarquable par la naïveté de la conception. L'artiste n'a trouvé rien de mieux pour représenter le saint groupe qu'il s'était proposé, que de mettre sur les genoux de sainte Anne la sainte Vierge enfant, et sur ses genoux l'enfant Jésus plus petit encore. Ces statues sont peintes, et ne sont pas dépourvues de cette grâce touchante qu'offre toujours le simple et le naïf, surtout dans le temps où nous vivons.

Un examen plus attentif et dirigé avec intelligence sur les murs, sur et dans le sol, parmi les matériaux, fournirait sans doute des données importantes, des tombes, etc. Alors il ne serait pas impossible de reconnaître d'une façon certaine le bas de l'ancienne chapelle; de savoir si la fondation est réellement due aux chevaliers du Temple, de préciser l'usage auquel elle était destinée; de constater positivement les changements que l'ordre de Malte y a apportés. Puissent quelques-uns de nos collègues consentir à y porter leur sagacité et leurs lumières!

J. G.

3

Dans notre 1er Numéro des Annales, nous avons donné seulement les noms des Sociétaires qui se trouvaient présents à la première séance générale ; nous y ajoutons aujourd'hui les noms de ceux qui nous ont fait parvenir , par l'un des membres du bureau , leur adhésion et ont été reçus membres de la Société , dans une des réunions trimestrielles.

Ce sont MM.

> Courtois , de Callac.
> de Tréveneuc père.
> Duguillier , Henri.
> l'abbé Urvoy , de Tréguier.
> l'abbé Blévin.
> Trévédy.
> l'abbé Baudry.
> de La Villéon.
> de Tréveneuc , Henri.
> Cornillet , Chanoine.
> de Cezi.
> Duplessis de Grénédan , à Illifaut.
> de Pinguern.
> de Claumadeuc père.
> l'abbé Rot , Curé de Rostrenen.
> Comte de la Fruglaie.
> l'abbé Auffret , Vicaire-Général.
> l'abbé de Garaby.
> l'abbé Le Teno.
> de Trogoff.
> Roncière , Auguste.
> Thierot fils.
> l'abbé Caresmel.
> de Courson , Aurélien.
> Le Vicomte de la Villegourio.
> Mahéo.
> Le Rogeron.

MM. les Sociétaires qui n'ont pas encore versé leur annuité pour 1842 entre les mains du Trésorier, sont priés de la joindre à celle de 1843, et de les faire parvenir à l'époque de la course , soit par un mandat sur la poste, soit par telle autre voie qu'ils jugeront plus convenable.

ANNALES

DE

LA SOCIÉTÉ

ARCHÉOLOGIQUE ET HISTORIQUE

DES CÔTES-DU-NORD.

N° III.

SAINT-BRIEUC,

CHEZ L. PRUD'HOMME, IMPRIMEUR-LIBRAIRE.

1844.

ANNALES

DE

LA SOCIÉTÉ

ARCHÉOLOGIQUE ET HISTORIQUE

DES CÔTES-DU-NORD.

N° III.

SAINT-BRIEUC,

CHEZ L. PRUD'HOMME, IMPRIMEUR-LIBRAIRE.

1844.

ANNALES

DE LA

SOCIÉTÉ ARCHÉOLOGIQUE ET HISTORIQUE

DES COTES-DU-NORD.

SÉANCE GÉNÉRALE DU 18 JUIN 1844.

La société archéologique et historique des Côtes-du-Nord a tenu , le 18 Juin , sa séance générale annuelle.

Vingt-cinq membres étaient présents.

La société regrette la fàcheuse coïncidence qui ne permet point à M. le Préfet, appelé à présider une autre assemblée , d'assister à l'ouverture de la séance.

L'assemblée ayant pris place, M. Ath. Saullay de l'Aistre, président, se lève et dit :

MESSIEURS,

La société archéologique et historique des Côtes-du-Nord compte maintenant deux années d'existence.

Dans la séance générale de l'an dernier, j'ai eu l'honneur, Messieurs, de vous rendre un compte détaillé de nos travaux. *Préserver* , *défendre*.... tels ont été jusqu'à présent les seuls résultats possibles de nos efforts : nous sera-t-il donné de faire plus ?

Réduite à ses seules ressources, la société n'a pu qu'arrêter le mal en quelques lieux ; c'est-à-dire , le marteau sur quelques pierres, la scie ou la hache sur quelques festons : les ravages qui viennent des siècles ou de l'intempérie des saisons , il ne nous a pas été donné d'en combattre ou d'en réparer les effets.

La foudre a frappé, dégradé la tour de Notre-Dame de Grâces , près Guingamp , sur laquelle, avec une sollicitude que l'on pourrait appeler prophétique, la société archéologique avait demandé l'établissement d'un paratonnerre, il y a plus d'un an !...

Notre-Dame de Lamballe se dégrade de plus en plus ; les progrès de la décadence sont d'une effrayante rapidité ; comme l'a dit jadis de Saint-Denis le plus beau génie de la Bretagne : « *l'eau tombe sur ses autels brisés , à travers* » *son toit découvert !* » Mais hélas ! Messieurs, comme le sépulcre royal , notre église antique n'a point , pour la relever, la main de l'un des maîtres du monde : les appels d'un simple, mais zélé pasteur, aux souvenirs pieux de quelques fidèles ; les offrandes de quelques cœurs généreux... Telles sont les seules assistances qui tombent aujourd'hui dans les troncs vides de ce monument délaissé.

La situation des fonds départementaux n'a point permis, il faut le croire, de faire droit aux réclamations les plus pressantes de la société archéologique ; puisque, malgré nos instances réitérées, malgré une bonne volonté dont l'administration supérieure nous a constamment donné l'assurance et la preuve, malgré l'urgence constatée des réparations, malgré le bruit incessant des pierres croulantes, le conseil général, pareil au sage dont parle Horace, a cru devoir rester stoïque et calme au milieu de nos débris :

Si fractus illabatur orbis ,
Impavidum ferient ruinæ !

A l'occasion du passage à Lamballe de M. le duc de Nemours, la société archéologique pensa que l'autorité locale pourrait signaler à l'attention et à l'intérêt de ce prince l'église de Notre-Dame, antique chapelle du chef-lieu du principal domaine patrimonial de son saint aïeul, M. le duc de Penthièvre. Il nous semble regrettable que l'on n'ait point donné suite à cette demande de la société, qui, nous le croyons, ne serait pas restée sans résultat.

La conservation, la restauration des œuvres d'architecture religieuse, civile ou militaire, ne sont pas, heureusement, Messieurs, le seul but que se soit proposé la société archéologique des Côtes-du-Nord, ni la seule espérance de se rendre utile qu'elle ait conçue. L'étude de ces monuments, la découverte, l'explication de leurs vestiges, les lumières qu'ils jettent sur l'histoire, sur les mœurs, sur la marche de la civilisation tout entière, sont autant de sujets dignes de notre attention et de nos travaux.

Pour qui saurait bien l'histoire d'une ville, d'un château, d'un simple manoir gothique, il y aurait peu de mystères dans l'histoire générale des faits, des institutions, des conditions sociales.

Ces recherches sont de nature à exciter le zèle et la persévérante sagacité des amis de notre ancienne Bretagne ;
elles sont dans le goût, dans l'intelligence et l'imagination
des hommes de race celtique, chez lesquels le culte des
souvenirs fut toujours en honneur. Chez nous, Messieurs, il
semble aussi naturel, aussi patriotique, aussi social de rechercher les titres de gloire, de recueillir les débris du
tombeau de ses pères, que d'orner et de défendre le
berceau de ses enfants.

..... *Et majores vestros et posteros cogitate.*

Le programme des recherches proposées au zèle et au
savoir de nos amis vous a été communiqué, Messieurs,
dans la séance générale de l'an dernier ; et, depuis, les
feuilles périodiques du département l'ont reproduit.

Peu de conquêtes sur le passé ont été faites dans les Côtes-
du-Nord pendant l'année qui vient de s'écouler. Près de
Broons, des armes anciennes auraient été découvertes en-
fouies aux pieds de quelques arbres ; à Coëtmieux, des pointes
de flèches antiques ont été trouvées en labourant un champ.
Il n'a été adressé à la société aucun renseignement au sujet
de la découverte faite à Broons ; je n'ai eu qu'un instant
entre les mains les pointes des flèches dont je viens de
parler. Elles sont en silex, dentelées en scie ; elles
ont de 10 à 12 lignes de longueur, de 6 à 7 lignes de largeur dans leur partie inférieure. Ces pointes de flèches me
paraissent gauloises. Ont-elles jamais été fûtées ? étaient-
elles terminées ou ébauchées seulement ? C'est ce qu'il est
difficile de préciser. Les archers, nous le savons, étaient
fort nombreux dans les Gaules. Vercingetorix, battu par
César, leur fit un appel spécial pour réparer sa défaite ;
mais vous vous le rappelez, Messieurs, il y avait aussi dans
les armées gauloises des soldats appelés *Gesates*, du mot
Gesum, *Gèze*, espèce de dard. Les pointes de Coët-

mieux appartenaient-elles à des flèches ou à ces légers javelots ?

M. Cornillet nous dit que l'on a trouvé à Hillion, il y a quelques années, d'autres flèches en silex, mais d'une forme un peu différente de celles de Coëtmieux, qu'il a dessinées avec soin.

Il serait curieux de les comparer. Si les flèches de Hillion ont été recueillies, elles appartiennent, sans doute, à notre savant président d'honneur, M. le comte de Kergariou, qui possède sur notre histoire tant de documents curieux.

Une rare collection de monnaies gauloises, une immense et précieuse bibliothèque, et, plus que tout cela, le savoir communicatif et l'accueil hospitalier du maître, font de la Grand'Ville comme un sanctuaire de science où l'on peut toujours aller s'éclairer.

Quelques débris du moyen-âge ont été recueillis par moi, Messieurs, et sont à la disposition de ceux de nos collègues qui voudraient les étudier. Ce sont les fragments d'un manuscrit sur vélin, avec vignettes, ébauchées seulement. Le caractère de l'écriture, l'épaisseur du parchemin, le style du poëte, car il s'agit ici d'un poëme, sembleraient indiquer un monument de la fin du 14e ou du commencement du 15e siècle, quoique les *sigles* y soient multipliés à l'infini et en rendent la lecture difficile. Je n'ai ni le commencement ni la fin du poëme, dont 21 feuilles seules sont conservées plus ou moins intactes. Ces restes d'un volume, entier il y a peu de temps encore, appartenaient à un cultivateur de la commune de Saint-Carreuc. Ils étaient à l'usage des filandières, qui en coupaient des bandelettes pour leur travail, d'ordinaire si peu destructeur.

Nous savons bien, Messieurs, ce que nous pouvons redouter du marteau du maçon, du pinceau du restaurateur, des ciseaux du relieur, mais nous n'aurions jamais pensé qu'il y eût à trembler devant la quenouille. Les feuillets du manuscrit de Saint-Carreuc étaient employés à faire des brides de quenouille !... Je n'ai pas eu le temps, Messieurs, de lire en entier les fragments qui me restent. La vie, la passion du Sauveur sont le sujet du poëme. Plusieurs passages me semblent empreints d'une sensibilité naïve et quelquefois d'une certaine fermeté d'expression. Je vous citerai quatre vers qui justifient, je le crois, cette dernière appréciation :

> « Deux portes sont dont est l'une
> » Plus étrète et l'autre commune ;
> » Par l'étrète devez passer
> » Se a vie voulez aler.... »

Plus loin, la sainte Vierge se lamente sur la mort du Christ, dans le langage d'une touchante tendresse maternelle :

> Et si voulez savoir coment
> ...... son fils regrettait,
> Et de la grant douleur qu'avait
> Comment faisait ses complaintes
> Et lamentacions maintes,
> Cy en suivant je l'ai escript.
> Hé ! douls fils, a toi plorer veul,
> Car a toi seulement j'ai leul (l'œil) ;
> Tu saite bien que amiablement
> T'ai nori toujours doucement,
> A mes mamelles alatas (allaitais),
> Souvent gisant entre mes bras.

Il serait intéressant de savoir, Messieurs, si ce poëme est inédit, s'il n'est que la copie de l'un des nombreux poëmes ou mystères de cette époque sur le même sujet, ou s'il est l'œuvre d'une main bretonne.

L'on faisait ou l'on copiait des vers dans ces parages, sous les chênes séculaires des vieux manoirs.

Un gentilhomme du nom de Budes, qui habitait ces

profondes campagnes en 1431 , était poëte ou , du moins , ami de la poésie. Je possède un cahier , de simple papier , dans lequel , au milieu de beaucoup de notes diverses , se trouvent des vers écrits de sa main. Soit qu'il les eût composés , soit qu'il les ait écrits de mémoire ou copiés seulement , ils annonceraient toujours une profonde et poétique mélancolie , s'ils ne faisaient point allusion à une grande et réelle détresse morale.

« Mon espoir ma failly ,
» Tout est deuil en ma demeure.
» Convient-il pas que je meure ?...
» Je n'ai bon jour... ni demi !

Ce chevalier, ce poëte , peut-être , qui déplorait ainsi ses infortunes , restées inconnues comme ses vers , avait eu dans sa famille le héros d'un de nos vieux poëmes , *Silvestre Budes* , le parent , l'ami , le glorieux compagnon d'armes de Bertrand du Guesclin qu'il suivit en Espagne , dont il porta vaillamment la bannière aux batailles de Nadres et de Navaret , avant d'aller s'emparer de Rome et du capitole avec quelques pauvres Bretons.

« Quar sans aide ne sans conseil ,
» Se n'est de Dieu et du soleil ,
» Il a fait ce que il a fait.
» C'était devoir, il a bien fait !

(Gestes des Bretons en Italie).

De cette race guerrière de Budes et du manoir du Plessix , en Saint-Carreuc , devait sortir plus tard le maréchal de Guébriand.

Messieurs, ces souvenirs nationaux s'effacent ; ces débris d'œuvres du passé sont fugitifs , sans doute ; j'ai cru , toutefois , devoir les mentionner ici , parce qu'ils rentrent dans les recherches conseillées par notre programme ; et surtout parce qu'ils prouvent qu'autour de nous beaucoup de monuments historiques ou littéraires, plus ou moins importants, plus ou moins curieux, sont encore à recueillir et à consulter. Que sait-on ? C'est en cherchant ainsi qu'une main favorisée retrouvera peut-être un jour les prophéties de notre barde Guinclan.

Permettez-moi, Messieurs, d'appeler plus particulièrement l'attention de la société sur l'une des branches des connaissances humaines vers laquelle se tournent aujourd'hui beaucoup de bons esprits, et qui, à certains points de vue, n'est pas sans rapport avec nos travaux.

Je veux parler de l'agriculture. L'examen de son état ancien dans le pays, de ses progrès successifs, de son influence sur les mœurs et la marche de l'esprit humain, tout cela rentre parfaitement dans le cadre que nous nous sommes fait.

La recherche des procédés agricoles de nos pères, l'étude de leur *ménage des champs*, pour parler comme Olivier de Serre, des maximes que leur dicta l'expérience, de l'organisation de la terre et de la culture dans le passé, ne sauraient être sans influence sur le présent et l'avenir.

« *Agricultura proxima sapientiæ !* »

L'agriculture fut en haute estime chez nos ancêtres, depuis l'invasion romaine. Lorsque les Romains, dit Caton (*de re rustica*), voulaient faire le plus grand éloge d'un homme, ils avaient coutume de dire qu'il était excellent laboureur. Aussi, dès qu'ils soumettaient une partie de la Gaule ou de la Bretagne insulaire, s'appliquaient-ils à y faire prospérer l'agriculture.

Leurs succès à cet égard furent tels, un si grand nombre de Bretons se livra à la culture des terres, que la Bretagne insulaire non-seulement produisit assez de grains pour la consommation de ses habitants, mais qu'elle devint, en peu de temps, l'un des plus fertiles greniers de l'empire.

Suivant Ammien Marcellin, l'empereur Julien fit élever sur le continent d'immenses magasins dans lesquels ces grains étaient déposés, pour être ensuite répartis dans tout l'empire ; et Zozime nous dit que le même prince fit construire une flotte de 800 vaisseaux pour le service spécial du transport de ces grains.

La marne, que l'on allait chercher quelquefois jusqu'à 100 pieds de profondeur, était employée avec tant de succès, que l'on n'a jamais connu un homme, affirme Pline, qui se soit jamais servi deux fois dans sa vie de ces engrais pour le même champ.

Geoffroy de Montmouth attribue à un chef breton, à Dumwallo Malmutius, la loi qui consacrait les charrues des laboureurs, et en faisait un sanctuaire pour les criminels qui venaient y chercher protection. Aujourd'hui, la charrue offre encore quelquefois un abri paisible après les orages, et vous voyez sous vos yeux, Messieurs, à Saint-Ilan, un tel asile ouvert généreusement, par la foi d'un noble cœur, à la jeunesse et au repentir.

J'ai parlé, Messieurs, de l'étude curieuse de l'organisation du sol et de la culture : je me suis servi à dessein de ce mot *organisation*, employé, d'ailleurs, assez fréquemment aujourd'hui en parlant de l'ordre, de la puissance et de la mesure du travail.

C'est que l'agriculture était en effet organisée, puisque le territoire, le sol, chaque sillon, pour ainsi dire, étaient classés et comme encadrés dans une hiérarchie toute militaire.

La nation était armée, cantonnée, et chaque homme de guerre avait pour solde son patrimoine, ou un bénéfice qui devint héréditaire , quand la vassalité , qui n'était point dans les lois , s'introduisit par les mœurs.

Un château devint régulièrement le lieu d'assemblée et de garnison : le donjon était la *forteresse* de la *forteresse* ; l'habitation du seigneur dominant. Les tours , attachées aux murs d'enceinte , étaient confiées aux lieutenants du seigneur ; l'intérieur de l'enceinte était véritablement un camp , et en portait le nom : *castrum*.

La classe des hommes libres , allodiaux , propriétaires des Alleux , ne reconnaissant aucun seigneur et n'obéissant qu'au Ban militaire du roi , resta cependant nombreuse jusque vers le milieu du 9ᵉ siècle.

Il y avait des manoirs *ingénuiles* et des manoirs *serviles*. Les premiers étaient tenus par des colons originaires ; les seconds par des hommes non affranchis.

Les manoirs *ingenuiles* faisaient le charroi avec 6 bœufs ; les manoirs *serviles* avec deux seulement.

Cette règle générale est prouvée , Messieurs , par la répartition qui fut ordonnée , du temps de Charles-le-Chauve , pour faire la somme promise aux Normands.

Chaque manoir seigneurial fut taxé à un sou ; le manoir ingénuile à 4 deniers , le manoir servile à 2.

Nous avons des bases assez sûres pour apprécier ce que le service militaire enlevait de bras à la culture dans ces temps reculés.

Ce sont des proclamations militaires , des convocations de ban et d'arrière-ban antérieures et à la loi de 1229 et aux incorporations féodales. Souvenons-nous qu'au temps de Charlemagne , quatre manoirs devaient à ce prince un guerrier , et que son armée , levée ainsi dans les limites naturelles de la France , c'est-à-dire , entre les deux mers , le Rhin , les Alpes et les Pyrénées , était de plus de quinze cent mille guerriers. Jules César avait trouvé, dans les Gaules, environ deux millions d'hommes armés.

Les anciennes proclamations ou convocations pour *l'Ost* ne donnent-elles pas lieu à une induction naturelle sur l'origine et l'hérédité des noms de famille pris du sol?

L'opinion la plus générale attribue ces noms aux croisades, à la nécessité de se reconnaître loin de sa patrie.

Mais était-il donc moins nécessaire de se reconnaître dans son propre pays? Et pourquoi supposer qu'on se reconnaîtrait à des noms de propriétés, souvent peu importantes, inconnues à peu de distance même des lieux où elles étaient situées, mieux qu'on ne l'eût fait à tous autres noms?

Cherchons la vérité plus près de nous et de la vraisemblance : tout était réel dans le régime féodal; le possesseur d'un bien *fié* ou confié, d'un fief, n'en était que le *servant*.

Le banneret *héréditaire* avait des lieutenants, des hommes d'armes qui l'étaient également; ne fallait-il pas des noms héréditaires à des soldats héréditaires? Les lettres de convocation, dans le 13ᵉ siècle, et en partie dans le 14ᵉ, ne portaient que le seul nom des terres dont le service était dû au prince. Ainsi la terre *fiée*, le fief seul était appelé; il donnait son nom à son possesseur, qui n'en avait aucun autre aux yeux de l'état. Ce fait est si vrai que les cadets d'une même famille perdaient régulièrement, légalement leur nom originaire, et étaient tenus de porter celui de leurs nouvelles propriétés féodales.

En un mot, Messieurs, tout était attaché à la propriété de la terre; l'on n'avait, en tous lieux, que le nom et le rang de sa propriété; et ce nom, ce rang étaient héréditaires comme la propriété elle-même et le service qu'elle imposait.

Ne pourrait-on pas tirer de là la conclusion que le sol

de la France nous conserve encore presque tous les noms des chefs, des capitaines, des lieutenants et jusqu'aux noms des simples guerriers, des simples *soldats* de l'armée nationale, à ces époques reculées, autant qu'on peut donner ce nom de *soldats* à des hommes de guerre propriétaires, qui ne recevaient d'autre solde que leurs revenus et l'immunité parfaite de leurs personnes et de leurs biens.

Cet aperçu, si incomplet qu'il soit, suffira peut-être, Messieurs, pour vous faire penser, avec moi, qu'il peut y avoir des enseignements intéressants pour la gloire et la prospérité nationale dans les comparaisons que ces recherches permettent entre les forces productives de notre patrie, à diverses époques de son histoire.

Deux de nos collègues, Messieurs, viennent de rendre un service véritable à notre diocèse tout entier.

Vous allez entendre la lecture d'un mémoire sur la cathédrale de Saint-Brieuc, dû au savoir et au zèle de MM. J. Geslin de Bourgogne et l'abbé Prud'homme. Ce travail vous paraîtra, comme à moi, d'un véritable intérêt et digne des encouragements de tous les amis de notre pays.

Je viens de dire que cette bonne et savante œuvre était un service rendu au diocèse tout entier : en effet, Messieurs, il est fait pour appeler l'attention du gouvernement sur un monument mal connu et trop peu apprécié.

La cathédrale de Saint-Brieuc n'est pas classée parmi les monuments historiques, et, dès lors, elle n'a point de part aux faveurs préservatrices qui résultent, pour certains monuments, de cette classification.

Nous espérons, Messieurs, que le travail de MM. de Geslin et Prud'homme vengera notre église épiscopale de l'injuste indifférence avec laquelle on l'a traitée ; injustice contre laquelle j'ai protesté, le 25 février dernier, dans une lettre à M. Didron, secrétaire du comité des monuments historiques. Vous connaissez tous, Messieurs, la haute science et la bonne volonté de M. Didron ; je suis heureux de trouver cette occasion nouvelle de vous recommander les publications périodiques par lesquelles ce savant sert si puissamment la cause de la religion et des arts.

Les monuments ont leur importance morale : des souvenirs historiques ou traditionnels s'y rattachent, qui les rendent chers de génération en génération ; la cathédrale de Saint-Brieuc, à part son mérite monumental, inspire un intérêt de cette nature.

Rebâtie par les offrandes apportées sur le cercueil du saint architecte qui en avait commencé la reconstruction et prédit l'achèvement, elle servit d'asile, en 1394, aux habitants de Saint-Brieuc, qui ne purent y être forcés, par Clisson lui-même, qu'après un siége de quinze jours héroïquement soutenu.

Espérons, Messieurs, que le travail de nos collègues fixera l'attention du gouvernement sur un monument vénérable qui rappelle à la fois la sainteté du pontife, la libéralité des fidèles, l'énergie des citoyens.

Un tel résultat serait une consolation des actes de vandalisme qui s'accomplissent jusque sous nos yeux.

Naguère encore, les statues tumulaires de l'une de nos antiques abbayes gisaient, depuis plus d'une année, sous les égoûts du collége, exposées je n'ose dire à quels affronts !

La presse a signalé, avec une juste amertume, cet étrange abandon ; et M. le maire de Saint-Brieuc, dont l'esprit conservateur vous est connu, a fait ce qui était en son pouvoir pour remédier à ce scandale.

Ne serait-il pas désirable de voir placer ces pieuses effigies sous quelque voûte respectée, sous quelque toit religieux ?

Quelle que soit, trop souvent, l'inefficacité de ses efforts, la société archéologique des Côtes-du-Nord perdrait-elle courage?... Non, Messieurs. S'il ne lui est point donné d'entreprendre, elle continuera de résister; elle combattra, sans se rebuter, tout ce qui lui semblera nuisible, tout ce qui lui paraîtra barbare; elle criera arrière aux démolisseurs, elle se placera entre leurs marteaux et nos reliques, ne sauvât-elle, chaque année, qu'un saint fleuron de leur couronne?

ATHANASE SAULLAY DE L'AISTRE.

La société vote, à l'unanimité, l'impression de ce discours dans le prochain numéro de ses Annales.

L'ordre du jour appelle l'attention de l'assemblée sur l'accident arrivé à la charmante tour de Notre-Dame de Grâces, récemment, et pour la seconde fois, frappée de la foudre. La société entend, avec un intérêt marqué, le rapport savant et circonstancié que veut bien lui faire M. Le Joly sur l'état où se trouve aujourd'hui ce monument, sur les mesures de préservation jusqu'à ce que des fonds alloués puissent permettre de commencer les travaux, enfin sur les moyens possibles d'exécution. La société remercie M. Le Joly, de cette intéressante communication; elle le prie de recevoir l'expression de sa reconnaissance.

A cette occasion, la société renouvelle l'expression de son intérêt et de sa sympathie pour l'église de Notre-Dame de Grâces; elle rappelle que, dans toutes ses séances, elle n'a cessé de demander l'établissement d'un paratonnerre. Avertie par un premier malheur, il n'a pas tenu à elle d'en prévenir un second; elle regrette amèrement que ses demandes réitérées n'aient pas eu plus de succès; elle n'aurait pas aujourd'hui à déplorer la ruine de la plus belle partie de ce monument remarquable du 16e siècle, certes, l'une des gloires de notre département.

M. le Préfet entre en séance. M. Le Joly veut bien répéter

ce qu'il vient de dire précédemment ; il termine en priant M. le Préfet de vouloir bien aider de tout son pouvoir la réparation de l'église de Notre-Dame de Grâces, et demande surtout que le travail ne soit confié qu'à des mains habiles, à des ouvriers qui puissent le suivre et le terminer avec la délicatesse qu'il comporte.

M. Le Joly demande aussi une simple barrière qui défende de l'approche des animaux immondes le cimetière de Grâces, attenant à l'église.

Il appelle, en finissant, l'attention de M. le Préfet sur la direction que l'on a donnée au chemin vicinal de Guingamp à Tréglamus, lequel chemin passe si près de l'église de Grâces que le passage des voitures ou charrettes cause à la tour, dont plusieurs pierres se détachent, un ébranlement considérable.

M. le Préfet répond qu'il n'a point perdu de vue la demande qui lui a été faite plusieurs fois pour le monument dont il est question. Il déplore le nouveau malheur qui vient de lui arriver, et regrette de n'avoir pu mettre à la disposition de la société les fonds nécessaires pour l'érection d'un paratonnerre.

Quant à la barrière réclamée par M. Le Joly pour la clôture du cimetière, M. le Préfet s'étonne que cet état de choses ne lui ait pas été signalé ; il fera tout ce qui dépendra de lui pour le faire cesser.

En ce qui regarde la direction du chemin de Tréglamus, M. le Préfet voit là une question de vicinalité ; et, bien qu'une question d'art s'y mêle, il ne pense pas que l'on puisse s'occuper de cet objet.

Au surplus, sur tous ces différents points, M. le Préfet pense qu'il est impossible de pouvoir rien statuer, rien décider, encore moins de faire aucun emploi de fonds sans voir un plan des lieux. La société prie M. Le Joly de vouloir bien se charger de ce travail.

M. le curé de Lantic demande la parole et rappelle à M. le Préfet celles pleines de sympathie et d'espérance prononcées par ce magistrat, dans une précédente séance, au sujet de l'église de Notre-Dame de la Cour, monument signalé aussi dès le commencement à l'intérêt de la société, en parallèle, il est vrai, avec Notre-Dame de Lamballe : mais il ne faut pas perdre de vue la différence de position. Lamballe est une ville qui offre de puissantes ressources, tandis que la paroisse de Lantic est petite et pauvre, que déjà elle a fait d'incroyables efforts pour préserver ce monument, qu'elle s'est vue enfin dans la nécessité de faire un emprunt, en attendant que des secours lui fussent accordés.

M. le Préfet partage cette opinion et pense que, sans perdre de vue Notre-Dame de Lamballe, il est urgent de s'occuper de Notre-Dame de la Cour. Il promet à M. le curé de Lantic que des fonds lui seront accordés.

M. Cornillet lit une note sur des flèches en silex trouvées à Coëtmieux ; il en rapporte un dessein exact, et partage l'opinion émise par M. Saullay de l'Aistré, que ces flèches ont une origine gauloise.

L'ordre du jour appelle la lecture d'un travail important dû à M. Geslin de Bourgogne et à M. l'abbé Prud'homme, sur la cathédrale de Saint-Brieuc. L'heure avancée ne permet pas de l'entendre ; la société se voit à regret forcée de l'ajourner à une autre séance.

Avant de clore la séance, M. Saullay de l'Aistre, président, propose à la société de venir en aide, autant qu'elle le pourra, à l'œuvre pieuse entreprise par M. le curé de Lamballe pour la réparation de l'église Notre-Dame.

La société adopte à l'unanimité cette proposition.

NOTICE

SUR LA

CATHÉDRALE DE SAINT-BRIEUC,

PAR

MM. J. GESLIN DE BOURGOGNE et l'Abbé PRUD'HOMME.

Au moment où Mgr Le Mée a pris possession du siége
épiscopal de S.-Brieuc, la cathédrale, au point de vue architectural, était réputée une masse informe qui pouvait être
désormais abandonnée à tous les caprices du mauvais goût,
en attendant que le moment fût venu de déblayer le terrain
pour y construire une *vraie* église. C'était un malade con-
damné, sur lequel les expériences de toutes sortes étaient
permises. On supposait qu'il n'y avait plus là rien à gâter,
rien à compromettre. Et, de fait, le vandalisme avait si
bien fait du marteau, de la truelle et de son ignoble badigeon, que notre pauvre vieil édifice, terne, décoloré,
affublé le plus grotesquement du monde, n'avait plus ni
style, ni caractère.

Au prélat, à qui la ville doit déjà deux édifices importants, et à qui le diocèse devra bientôt son majestueux séminaire, à celui-là, dis-je, il appartenait d'arracher la vieille basilique de nos saints Brieuc et Guillaume à cette ruine anticipée. De premières et intelligentes réparations ont d'abord rendu à la lumière de jolies chapelles des 15ᵉ et 16ᵉ siècles. Bientôt la restauration de vitraux fort anciens a restitué à une portion de l'église ces tons mystérieux et chauds qui jadis préparaient si bien les âmes aux hautes émotions du culte et de la chaire. Mais ce qui a été toute une révolution dans l'édifice, ce qui assure à Mgr Le Mée la pieuse reconnaissance de tous ceux qui comprennent que l'art, et surtout l'art architectural, est un des plus grands moyens dont la religion s'est servie, dans tous les temps, pour parler au cœur de l'homme (1), c'est d'avoir courageusement mis au jour un chœur d'une belle époque. Jusque là des yeux exercés et attentifs avaient pu seuls deviner, sous une muraille massive, sous une plate boiserie jaune, sous d'informes toiles peintes à l'aune et en vue seulement, semblait-il, de masquer de belles formes architectoniques, deviner, disons-nous, de gracieuses colonnes portant des ogives d'un style pur, des jets de colonnettes s'élançant jusqu'au haut de la voûte, un triforium traité avec soin, en un mot, tout un chœur de la seconde moitié du 13ᵉ siècle. Devant ce que nous ne craindrons pas de nommer cette belle découverte, le dédain

(1) N'est-il pas bien remarquable, en effet, que l'art a toujours suivi les progrès de la foi. Ainsi, pour ne prendre que la France et seulement depuis la renaissance du 10ᵉ siècle, seule période bien connue, ne voyez-vous pas, à mesure qu'on monte vers le 13ᵉ, apogée de la foi, les formes architecturales s'améliorer, s'élancer vers le ciel, se spiritualiser de plus en plus. Puis après ce temps elles commencent à laisser poindre quelques traces de dégénérescence, puis de dégradation ; puis elles perdent tout caractère spirituel dans le style dit de *renaissance*, enfin elles tombent dans la hideuse et plate nullité du 18ᵉ siècle.

dont la cathédrale était l'objet doit tomber pour faire place à un ardent désir de voir exhumer et compléter ce qui avait échappé par hasard au vandalisme.

Déjà nous croyons savoir que notre évêque médite de grands projets, dont l'effet nous semble devoir être de placer notre cathédrale non pas au rang des premières de France, mais d'en faire un monument important et curieux parmi tous ceux de la Bretagne, et surtout un monument digne de l'objet auquel il est destiné. C'est à ce moment décisif dans l'histoire de notre église épiscopale, que Mgr Le Mée a daigné nous exprimer le désir de nous voir faire des recherches pour classer, à l'aide de quelques dates connues, les diverses parties de l'édifice et y rattacher quelques reflets du passé. Ce vœu est devenu pour nous un ordre et aussitôt nous nous sommes mis à l'œuvre, tout en reconnaissant combien nous étions au-dessous de cette belle tâche.

Disons-le tout d'abord : les archives du département, les archives de l'évêché, de la ville, la bibliothèque publique, le petit nombre de bibliothèques privées que Saint-Brieuc possède, n'ont pu jusqu'ici nous fournir rien d'important (1). Il faut bien le confesser, quoique ce ne soit pas à la gloire de notre pays, rien de sérieux n'a été, que nous sachions, laissé sur ce monument ; aucune étude quelque peu attentive ne semble même en avoir été faite. C'est par l'examen seul des formes architectoniques, à l'aide de quelques dates, de quelques mots échappés çà

______

(1) C'est pour nous un besoin impérieux de témoigner ici notre gratitude profonde tant aux bibliophiles à l'obligeance desquels nous avons eu recours, qu'aux administrations et aux directeurs des divers dépôts publics. Chez tous, nous avons trouvé cet empressement affable, ce zèle éclairé, et souvent ce savoir varié qui transforme des recherches arides en des heures pleines de charmes.

et là à nos historiographes, que nous pouvons seulement tenter ce travail. Nous sentons mieux que personne combien notre base est fragile, et certes nous n'aurions pas osé nous y aventurer sans les encouragements et les conseils d'érudits, d'hommes spéciaux, parmi lesquels nous nommerons, pour nous donner un peu d'assurance, M. l'abbé Souchet, chanoine de la cathédrale et vice-président de la société d'archéologie, et M. Lorrin, architecte de la ville et du département, membre de la même société. Combien n'avons-nous pas regretté que des travaux d'une plus haute importance n'aient pas permis à M. l'abbé Souchet d'étendre la note rapide qu'il a confiée à M. l'abbé Bourassé, et qui a été insérée dans l'ouvrage intitulé : *Les Cathédrales de France*. Notre tâche aurait alors été bien facile, ou plutôt nous n'aurions point eu à essayer une besogne beaucoup trop difficile pour nous. Au reste, nous avons mieux que le livre, nous avons près de nous l'érudition et l'expérience de l'auteur, et son inépuisable obligeance qui nous permet à toute heure de puiser à cette source féconde. Après tout, nous allons ouvrir une voie où de plus habiles ne tarderont pas, sans doute, à s'avancer et à venir rectifier nos fautes.

La cathédrale de Saint-Brieuc, telle qu'elle existe aujourd'hui, forme une croix latine (1) d'une longueur totale de 73 m. 08 cent. pris du portail au chevet, et d'une largeur de 41 m. 44 c. aux transepts. La longueur de la nef est de 35 m. 75 c. et sa largeur moyenne de 6 m. 84 c. L'ensemble du vaisseau, dont la plus grande élévation, sous clef de voûte, est de 19 mètres, peut se diviser ainsi :

(1) La déviation ordinaire de l'axe du chœur, qui se remarque dans toutes les églises des 13e et 14e siècles, et qui figure, dit-on, la tête du Sauveur penchée sur son épaule gauche, est très-sensible dans notre cathédrale.

une nef principale, deux bas-côtés, les croisillons, le
chœur et son pourtour, les chapelles, les tours. Elle a été
bâtie sur une sorte de marécage, et nous croyons que plusieurs de ses parties reposent sur pilotis. Ceci explique
pourquoi on n'a pas découvert jusqu'ici de traces de
cryptes. Le sol, à diverses époques, a été élevé, en vue,
sans doute d'échapper à l'action de l'eau, qui, en certains
endroits, se trouve seulement à 35 cent. du sol.

PREMIÈRE ÉPOQUE.

La partie qui nous semble la plus ancienne est, sans
contredit, le mur formant l'abside, depuis les transepts
jusqu'au chevet. Au reste, ce mur a été tellement fouillé
pour y ouvrir des chapelles, qu'il n'en reste plus que les
anciens contreforts, servant d'appui aux chapelles actuelles,
et une petite longère qui s'étend du côté de l'ancien évêché, du transept midi au premier contrefort. Cette partie
nous a semblé caractérisée par le cordon qui y règne tant
à l'intérieur qu'à l'extérieur, à une hauteur de 3 mètres de
l'ancien sol. Ce cordon se retrouve également au-dessus des
voûtes actuelles, immédiatement au-dessus des anciennes
fenêtres, qui se composaient d'une ogive aiguë, réunis-
sant deux ogives géminées. Les mêmes fenêtres se retrouvent en face l'une de l'autre dans le transept méridio-
nal, où l'on voit encore deux fenêtres à lancettes
simples. A quelques centimètres au-dessous du toit actuel
s'aperçoit également une ligne de modillons d'un caractère
très-ancien, et vraisemblablement antérieurs aux fenêtres.
Des colonnes dont les chapiteaux feuillus sont d'un travail
tout particulier, doivent aussi remonter à une antiquité
fort reculée, et semblent avoir supporté des arcades ro-
manes.

Quelques-uns croient voir en tout cela des restes de

l'église de Saint-Brieuc, conservés par saint Guillaume, lors de la reconstruction de l'édifice. Cette hypothèse peut être soutenue, puisqu'on connaît fort peu l'architecture religieuse de notre pays avant le 11e siècle (1). Toutefois il nous semble difficile de croire que, dans un lieu si humide, une maçonnerie ait pu si bien se conserver pendant quatorze cents ans, et qu'une église qui tombait en ruine au temps de saint Guillaume ait offert une petite partie tellement solide qu'on ait cru devoir y accoler un édifice neuf, y ouvrir des fenêtres, etc. Nous regardons comme plus probable que cette partie avait été rebâtie entre le 10e et le 13e, et peut-être que les colonnes et leurs chapiteaux, habilement fouillés, auraient été rapportés d'un monument plus ancien. Cette supposition est encore confirmée par l'existence des contreforts et des cordons, qui nous paraissent rappeler beaucoup le 12e siècle. Dans cette partie, le pied du mur et la base des colonnes indiquent un premier sol à 1 mètre au-dessous du niveau actuel.

Bien que nous n'en ayons trouvé nulle part une mention écrite, un examen attentif nous porterait à rattacher aussi à une époque antérieure au 13e siècle la partie la plus occidentale de l'église, c'est-à-dire, une partie de la tour du Martray, et surtout l'escalier qui monte à cette tour et qui lui est latéral. La porte étroite, basse et cintrée, la fenêtre à ogive romane qui se trouve au bas de la nef latérale de gauche, et surtout la différence d'appareil manifestement plus ancien dans cette partie, nous donnent à penser que cette construction pourrait bien avoir appartenu au 12e. Son analogie avec la portion signalée au chevet pourrait faire supposer que ces portions de l'ancien édifice auraient été

(1) Quelques personnes, versées dans l'étude de nos monuments, pensent que l'église construite par saint Brieuc a dû être en bois.

rebâties, et qu'elles se seraient trouvées seules très-solides, quand le reste tombait en ruine au temps de saint Guillaume. Dans cette hypothèse, il faudrait conclure que le saint évêque avait bâti à peu près sur les proportions de la première église, qui elle-même pouvait fort bien être celle de saint Brieuc. Le nom de tour de *Brieuc*, longtemps conservé à cette vieille construction, ne viendrait-il pas confirmer la supposition qu'elle a pu appartenir à l'église primitive, quoiqu'étant beaucoup moins ancienne.

XIIIe SIÈCLE.

Quoi qu'il en soit, tout le monde sait que saint Guillaume a reconstruit, ou, pour parler plus exactement, a commencé la reconstruction de son église épiscopale. Depuis lors, si une reconstruction totale avait eu lieu, le souvenir ne pouvait manquer d'en venir jusqu'à nous ; or, nulle part rien de semblable n'est mentionné : on peut donc dire hardiment que la cathédrale actuelle remonte à saint Guillaume. Ainsi, de même que notre diocèse et notre première église épiscopale eurent un saint pour fondateur, c'est encore à un saint que nous devons notre cathédrale actuelle. Pour bien des esprits, ce rapprochement est sans valeur ; pour nous, nous n'y pouvons penser sans un vif sentiment de reconnaissance envers la divine Providence et d'espoir pour l'avenir de notre pays, parce que nous savons que les saints s'entendent à faire des choses durables, et que leur protection ne s'arrête pas à leur vie terrestre.

L'époque de la fondation étant ainsi bien précisée, il ne nous reste qu'à déterminer les parties qui se rattachent à ce temps, et celles qui ont été postérieurement ajoutées.

Et d'abord il faut remarquer que, commencé par saint Guillaume, l'édifice fut terminé par son successeur, Philippe. Cette construction s'éleva donc dans une période qui s'étend de 1220 (ou même quelques années plus tard, puisque saint Guillaume ne commença à bâtir qu'à son retour d'exil) à 1248, époque du départ de Philippe pour la Terre-Sainte où il mourut. Or, il se trouve, dans ce qui nous reste de cette cathédrale deux caractères tellement tranchés qu'avec un peu d'attention il ne nous semble pas impossible d'arriver à déterminer avec une sorte de certitude la part qui revient à chacun des deux prélats.

Les quatre pilliers, sauf le plus proche de la sacristie, qui comme on le sait, a été reconstruit par Mgr Fretat de Boissieux au commencement du 18ᵉ siècle (l'ancien chapiteau a été conservé), les quatre pilliers, disons-nous, soutenant la croisée de l'église, c'est-à-dire la partie importante, ont dû être l'œuvre de saint Guillaume; on peut donc les prendre pour type de la première construction. Tout en effet y annonce la première moitié du 13ᵉ siècle : ils se composent d'un faisceau de colonnes minces et engagées, flanquées de colonnettes : le tout est d'un jet très-hardi et couronné de chapiteaux bien caractérisés. L'un d'entr'eux, à gauche, est tout entier composé de personnages grimaçants qui rappellent parfaitement toute cette ornementation empruntée au règne animal et qui fut si en vogue à la fin du 12ᵉ siècle. Deux autres présentent des têtes dans le feuillage, tandis que le quatrième n'offre plus qu'un feuillage très-commun au 13ᵉ siècle, c'est-à-dire les simples crochets et les feuilles de vigne. Ces quatre chapiteaux ne représentent-ils donc pas fort exactement l'époque de transition entre l'ornementation de la dernière période romane et celle des 13ᵉ et 14ᵉ siècles. Des colonnes adossées à deux de ces pilliers et supportant les premiers arcatures du chœur, sont probablement du même temps. Les chapiteaux sont élevés et composés de feuilles de chêne, au milieu desquelles apparaissent des têtes humaines.

Dans les transepts, quatre pilliers tout semblables à ceux

du chœur , mais moins forts et destinés à soutenir des voûtes qui ont aujourd'hui disparu ; les fenêtres ogivales , tant à lancettes que géminées , dont nous avons déja parlé et qui ont pu être percées dans des murs plus anciens ; les bas-côtés et des fenêtres dont on voit encore la trace (les fenêtres actuelles ont dû être élargies); la décoration inté- rieure du mur qui ferme la grande nef et que masquent au- jourd'hui les orgues, le porche du Martray , les commence- ments des trois porches projetés au couchant, la partie inté- rieure de la *tour Brieuc*, une partie des clochetons qui ornent , les contreforts du côté du Martray surtout (ces contreforts ont été rétablis probablement tels qu'ils étaient , ou à peu près , lors de la reconstruction de la nef); telles nous sem- blent être les parties qui ont dû appartenir à la construction de saint Guillaume. Quant aux voûtes, à la charpente et au toit, tout cela a été si bien changé , remanié , élevé , abaissé, dans des réparations partielles qu'il n'est plus guère possible de reconnaître jusqu'où le saint avait pu conduire le monu- ment. Toutefois nous supposons que les deux chapelles appuyée aux bras de la croix, peut-être une partie des arca- tures ornant le porche occidental , et principalement le pourtour du chœur , doivent être de l'évêque Philippe.

Voici sommairement les considérations qui ont donné lieu à notre hypothèse. Le pourtour du chœur est orné d'ar- cades dont l'ogive n'est pas exactement celle des précé- dentes parties. Les colonnes aussi offrent un autre caractère, ainsi que les chapiteaux qui tous annoncent des ressources moins étendues que celles qui avaient alimenté les premiers travaux. Les fenêtres, au nombre de sept, sont alter- nativement larges et plus étroites, de manière à ce que les unes puissent renfermer des rosaces et que les autres diffè- rent essentiellement des ogives à lancettes qu'on retrouve dans les plus anciennes parties du monument. Leurs riches meneaux, dans leurs enlacements symboliques, nous semblent accuser une époque plus avancée de l'art, sans que toutefois elle soit postérieure à la fin du 13ᵉ siècle. Le triforium et le commencement de la seconde galerie du chœur sont d'un tout autre style que la galerie du bas de la nef. Il est vrai que la balustrade à quatre feuilles de la galerie du chœur a pu être achevée seulement vers le 14ᵉ, dont elle accuse assez les caractères. Quant à ce qui est des deux chapelles parallèles au chevet, elles présentent, celle du midi surtout, les caractères du 13ᵉ siècle : les chapiteaux à crochets ou à feuillages mêlés de sculpture ; mais celle-là même a été évidemment après coup percée dans le mur du transept. Si donc on pouvait l'attribuer à saint Guillaume, c'est que le saint évêque aurait réellement conservé une partie de l'ancien édifice. Enfin les décorations du portail de la place reproduisent parfois exactement les colonnes et chapiteaux du chœur.

Tout ce second travail n'embrasse, on le voit, que des parties accessoires ou de simple décoration. On peut donc dire que l'édifice lui-même, dans son plan et dans son ensemble est bien réellement de saint Guillaume.

Nous n'entendons pas faire l'étude détaillée de chaque pierre, de chaque colonne, de chaque chapiteau ; il faudrait pour cela des volumes et un temps qui n'est point à notre disposition. Ce que nous nous proposons seulement, c'est de déterminer aussi exactement que possible la physionomie générale du monument ; nous nous bornons donc à prendre dans chaque époque les parties qui nous semblent mettre le mieux en relief les formes consacrées dans le temps de leur construction. Aux détails que nous avons déjà donnés, nous ajouterons les suivants, pour tâcher de caractériser la cathédrale du 13ᵉ siècle.

Après le chevet que n'ornait encore aucune chapelle ; après les deux transepts sur lesquelles s'appuyaient deux petites chapelles dans l'une desquelles, celle de droite, se trouvaient les fonds ; après les bas-côtés qui, comme tout l'édifice, étaient éclairés par des fenêtres longues et étroites, vient la nef qui était décorée d'une galerie dont le curieux spécimen se trouve par bonheur conservé derrière le buffet d'orgues soutenues sur des colonnettes de granit du plus joli module et du travail le plus achevé, ou sur des culs-de-lampe représentant tantôt des figures grimaçantes, tantôt des végétaux garnis de feuillages, ces arcatures aiguës déroulaient leurs pittoresques festons tout autour de l'édifice avec tout plein de grâce et de naïveté. Les galeries actuelles du chœur, qui manifestement sont postérieures, offrent un dessin plus riche peut-être, mais une exécution moins parfaite dans le détail. Pour s'en convaincre, il suffit de comparer aux têtes cachées derrière l'orgue l'espèce d'âne portant au cou une sonnette et qui broute je ne sais quelle herbe sur la galerie du chœur (1). Néanmoins, tel qu'il est encore aujourd'hui, le chœur est véritablement beau. Il se compose de sept arcades d'un beau jet, séparées par des faisceaux de colonnes engagées et dont les chapiteaux sont octogones, ce qui ne se voit guère avant la seconde moitié du 13e siècle. De minces colonnettes partant du sol s'élancent d'un jet pour servir d'appui aux nervures des voûtes. Une galerie, un *triforium* non transparent règne au-dessus des arcades dans tout le pourtour ; le devant en est découpé en doubles ouvertures trilobées, encadrées dans des rectangles. Les balustrades sont ornées de quatre feuilles d'un beau galbe. A chaque arcade, correspond une fenêtre alternativement large et étroite, selon qu'elles sont ornées de rosaces ou de simples meneaux. Toutes ces

---

(1) Placée seule, dans une position très-apparente, au pied et à droite de la statue du patron de l'église, cette figure doit être soit le cachet d'un ouvrier, soit un symbole encore inexpliqué. M. l'abbé Souchet a remarqué exactement le même signe dans l'église de l'abbaye de Bégard, dont une partie est aussi du 13e siècle.

fenêtres appartiennent à la première époque rayonnante. Elles devaient être ornées en avant d'une petite galerie qui n'a été commencée que d'un côté. (1) On monte aux deux rangs de galerie par un petit escalier en pierre ménagé dans l'épaisseur du mur. Les débris de vitraux qui s'y voient encore disent assez combien l'art de la peinture sur verre était développé à cette époque, et surtout combien la ferveur qui remplissait l'âme des artistes débordait jusque dans les moindres détails. Il en résultait une extraordinaire puissance d'expression, qui allait jusqu'à se passer sans peine de la rectitude des formes, des effets de la perspective et même du prestige du coloris. Quelques anges en grisaille qu'on ne peut s'empêcher de remarquer, malgré leur exiguité, pour peu qu'on jette les yeux sur ces antiques fenêtres, montrent ce que pouvaient des dessinateurs profondément croyants : quelques lignes noires à peine ébauchées sur un morceau de verre de quelques centimètres suffisaient à présenter l'image d'un recueillement si profond ou d'une prière si fervente que le cœur le plus incrédule ne peut manquer d'en être touché.

Mais hâtons-nous d'achever l'examen des parties saillantes qui nous semblent se rattacher au 13ᵉ siècle, et pour cela transportons-nous dans la tour dite de Brieuc. Nous voyons que cette tour repose sur un charmant portique, dont on voit la construction à l'extérieur adossée contre la même tour. L'état parfait de conservation de ce porche, dans une partie non fréquentée de l'église, semble, comme la galerie que garde l'orgue, le fait d'une protection spéciale du saint fondateur qui, après plusieurs siècles, nous offrirait les moyens de restaurer le beau monument, où par

______

(1) On s'occupe en ce moment d'achever cette galerie.

lui se sont opérés tant de prodiges. Les formes harmonieuses et sévères de ce morceau, le caractère de l'ogive, l'engencement des colonnes, les simples crochets entremêlés de fleurons qui ornent les chapiteaux, tout annonce la première moitié du 13e siècle. Ce porche s'ouvrait au couchant par une majestueuse arcade, qui devait sans nul doute se reproduire, pour réunir les deux tours par un beau porche. C'est d'ailleurs ce que prouve clairement, et l'origine du porche commencé à l'extérieur entre les deux tours, et la petite arcade qui ouvrait une communication entre le porche Brieuc et le porche du milieu des deux tours. L'arcade du milieu devait être surmonté d'un fronton triangulaire dont la naissance se voit encore le long du flanc de la tour Brieuc; de sorte que, comme la plupart des cathédrales de cette époque, le couchant devait être orné de deux belles tours, probablement avec flèche en pierres, et décorées à leur pied d'un triple porche présentant une imposante façade et un péristyle digne du monument.

La seconde tour fut-elle construite alors? C'est ce qui semble fort peu probable; puisque la tour actuelle est manifestement de beaucoup postérieure à cette époque, comme nous le dirons plus tard. Mais dès ce temps on se préparait à bâtir cette seconde tour, car une colonne située à l'intérieur et la face attenant à l'église offrent plusieurs caractères communs aux constructions du 13e siècle.

C'est encore évidemment à la cathédrale de saint Guillaume qu'il faut rattacher le porche du Martray. Aujourd'hui masqué de la plus ignoble boiserie, il ne laisse plus paraître que comme à regret ses gracieuses arcatures, et des débris de colonnettes qui l'ornaient au dehors. Mais il nous a été donné de pénétrer derrière ces planches informes, et là nous avons trouvé une décoration aussi noble que simple, composée de trois arcades ogivales de chaque côté, soutenues, non plus comme à l'autre porche par des colonnettes engagées, mais par des colonnettes pleines, moins maigres, plus sveltes et plus gracieuses que celles du principal portail. La décoration, tant extérieure qu'intérieure de ce porche, de ce que nous avons pu en voir du moins, nous semble bien incontestablement du 13ᵉ siècle.

Si on se rappelle que la grande place actuelle était alors couverte de jardins, ne laissant qu'une ruelle au devant de l'entrée de la cathédrale, au couchant, qu'au contraire la place du Martray existait déjà en grande partie, on comprendra que le porche de ce côté devait être l'entrée principale de l'église. Cette considération suffit pour expliquer comment ce portail n'était point ouvert dans le transept, comme on commençait déjà à le faire généralement à cette époque. Les deux portes principales étaient, selon l'ancienne tradition, séparées en deux par une colonne surmontée d'une statue de la Vierge ou de notre Seigneur Jésus-Christ. Celle du côté du Martray fut abattue dans la Révolution pour donner, dit-on, passage aux canons qu'on logeait dans l'église ; des démolisseurs d'une autre espèce ont depuis abattu celle qui ornait l'autre porte, pour faire sortir le dai dans les processions. C'était peut-être sous le porche du Martray adossé au pilier de cette porte que se trouvait le beau bénitier qui est aujourd'hui déposé dans une labe à gauche de cette porte.

Les sculptures qui le décorent rappellent exactement les galeries du chœur, et il est disposé de manière à reposer sur un pied de granit sans doute comme lui. Son énorme dimension, 1 mètre 14 centimètres de diamètre sur o mètre 5o centimètres de profondeur, rappelle les anciennes cuves en pierre où le baptême se donnait par immersion (1).

(1) Quelques personnes estiment que ce bénitier fut donné à la cathédrale
Avant

Avant d'en finir avec ces anciens porches, nous devons faire remarquer que les bases des colonnes du côté de la grande place se trouvent précisément à hauteur d'un ancien pavé de la cour de la préfecture, trouvé lorsqu'on creusa les fondements de la maçonnerie qui supporte la grille actuelle.

D'après ce qui vient d'être dit, il n'est donc pas impossible de se figurer notre cathédrale telle qu'elle existait au 13e siècle, c'est-à-dire à la plus splendide époque de l'architecture catholique ; telle qu'il ne serait pas impossible de la rétablir aujourd'hui, ou du moins d'en approcher beaucoup. Le chœur resterait à peu près comme nous le connaissons, avec sa deuxième galerie terminée, avec les meneaux et les rosaces de ses fenêtres rétablis ; avec ses vitraux aux riches couleurs, aux têtes d'anges, de saints, d'évêques, de chevaliers, de châtelaines aux expressions si naïvement ferventes, aux attitudes si pieusement recueillies ; ce qui en reste est là comme pour nous faire déplorer ce qui est perdu. Les deux transepts seraient chargés, non pas comme aujourd'hui, de trois voûtes dont les arceaux naissent dans les murs, mais de deux voûtes, chacune reposant sur les pilliers dont nous avons déjà parlé. Un système de fenêtres à lancettes éclairerait les bras de la croix ; une de ces fenêtres existe et trois autres sont encore marquées dans le transept midi, au pignon duquel ouvrait une petite porte dont la trace subsiste. La nef serait décorée d'un rang de galeries semblables à ce qui existe derrière les orgues ; les bas-côtés seraient revêtus de voûtes ogivales dont les nervures reposeraient soit sur des culs-de-lampe, comme on en voit encore près de la

par Geffroy de Rohan qui occupa le siège épiscopal de 1370 à 1375. Il est étonnant qu'on n'y retrouve nulle part les armes de ce prélat, qui portait de *gueules, à neuf macles d'or.*

sacristie, soit sur des colonnes semblables à celles qui ornent le chevet. A l'extérieur, la partie élevée du vaisseau appuierait la poussée de ses voûtes sur les hardis arceaux, dont on a conservé à peu près la forme, en les rétablissant au siècle dernier. Les contreforts de ces arceaux seraient surmontés des élégants clochetons, qui existent encore intacts pour la plupart. A gauche le joli péristyle du Martray présenterait ses niches ornées des statues des saints évêques qui ont illustré le siége de Saint-Brieuc; enfin, l'entrée principale déploierait sa belle façade à trois porches, surmontée au milieu d'un fronton triangulaire, et, de chaque côté, des tours carrées sur lesquelles des flèches en pierres s'élanceraient hardiment à deux cents pieds dans les airs.

Après cet aperçu d'ensemble, nous ne devons pas oublier un petit escalier conduisant à la salle du chapitre et sur les toits, et adossé au transept nord, en face de celui qui conduit aux galeries du chœur. Sa disposition diffère du précédent et de ceux qu'on voit habituellement, en ce que les marches en pierre de taille, au lieu de reposer par le gros bout dans le mur, portent sur des espèces d'encorbellement sortant du mur même, et formant ainsi, dans toute la hauteur de la cage, une sorte de sous-escalier.

La porte de l'évêque se trouvait placée dans le pignon du transept midi, où la trace est encore indiquée. Mais quelques-uns croient que très-anciennement elle était située dans la sacristie actuelle du bas-chœur, anciennement la chapelle des fonts.

Jusqu'ici, en nous aidant des règles élémentaires de la science nouvelle, qui, d'après quelques fragments, sait reconstruire les édifices des siècles passés, nous nous sommes efforcés d'esquisser les principales formes de notre cathédrale, telle qu'elle avait été conçue par son saint fondateur. Mais pour se faire une idée exacte des églises à cette époque, il ne faut pas s'arrêter aux formes matérielles. Alors, en effet, la triste théorie de *l'art pour l'art*, c'est-à-dire de l'art sans but, sans direction, de l'art de fantaisie, de l'art niais, n'était point inventée : elle ne pouvait l'être dans une société si profondément empreinte de foi. Personne ne l'ignore, le 13e siècle fut une époque glorieuse pour l'Eglise ; la plus glorieuse peut-être, en ce sens que jamais les saintes croyances ne régnèrent avec plus d'autorité sur l'esprit des peuples. Aussi fut-ce un grand siècle que celui des Innocent III, des saint Louis, des saint Ferdinand d'Espagne, des sainte Elisabeth de Hongrie, des saint Dominique et des saint François d'Assise ! C'est une époque à jamais mémorable dans les fastes de l'humanité que celle qui vit pour la dernière fois l'Europe se jeter sur l'Orient pour y reconquérir le berceau de la civilisation ; qui vit écraser et l'infâme secte des Albigeois dans le midi et les derniers défenseurs du Coran en Espagne ; celle qui peut citer les batailles de Bouvines et de Las Navas de Tolosa. Dans l'histoire de l'Eglise, c'est une grande date que celle qui, par la naissance des glorieuses milices de saint Dominique et de saint François d'Assise, vit mettre à la disposition de l'épouse de Jésus-Christ la plus parfaite expression des deux plus grandes forces qui puissent agir sur le monde : la PERSUASION et la PAUVRETÉ VOLONTAIRE. Et, dans l'histoire de l'art chrétien, c'est la plus belle période celle qui donna à la science les Albert-le-Grand, les Thomas d'Aquin, les Roger Bâcon, les Vincent de Beauvais, les P. Lombard, les Alain de Lille, les Raymond Lulle ; à la sculpture, les Pisan ; à la peinture, les Giunta de Pise, les Guido de Sienne, les Giotto, les Cimabuë ; qui produisit le *Dies iræ*, le *Stabat*, le *Pange, lingua* et tout l'admirable office du S.-Sacrement ; qui illustra l'Europe par les cathédrales de Cologne, Strasbourg, Marbourg, Wesminster, Salisbury, Burgos, Tolède, Sienne, Florence, et la France, par la sainte Chapelle, Saint-Denis, Chartres, Amiens, Strasbourg, Notre-Dame de Paris, et tant d'autres merveilles qu'aucun âge n'a pu encore égaler.

Or, dans ses humbles proportions et son peu d'ornements, c'est à cette splendide famille qu'appartient notre cathédrale ; l'examen le plus superficiel suffit pour mettre en relief son *air de parenté*, si on veut bien nous passer cette expression. Au reste, dans sa simplicité même, elle n'était peut-être pas moins belle que ses grandes sœurs, quand, sous la volée des cloches, sous ses arceaux mystérieusement éclairés, elle voyait accourir les flots pressés d'une population fervente qu'attiraient de toutes parts les miracles du saint fondateur. Il fallait voir alors les élans de piété de cette population briochine qui, à peine échappée à la verge tyrannique de Pierre Mauclerc, avait en quelques années recouvré les précieuses reliques du patron du diocèse que l'approche des barbares avait fait emporter à Angers, qui avait été recevoir en triomphe le saint confesseur qu'un pouvoir impie avait banni du siége épiscopal, qui, deux ans après la mort du saint, avait trouvé son corps aussi frais et bien conservé qu'avant le trépas et exhalant par toute l'église une suave odeur (*Vie de S. Guillaume*). Depuis lors, la cathédrale commencée par le saint s'était achevée par les seules offrandes déposées sur son tombeau ; ainsi, disent les vieux chroniqueurs, se réalisa la parole prophétique du courageux pontife qui répondait aux gens effrayés de la grandeur de l'œuvre : « Mort ou vif, avec l'aide de Dieu, je la finirai. »

Les fréquents miracles qui s'opéraient par l'intercession du saint montrent d'ailleurs assez que, si le troupeau avait perdu son pasteur, il avait acquis au ciel un puissant intercesseur, dont la tendre affection veillait toujours sur son peuple. Quelques années après la mort de saint Guillaume,

le pape, Innocent IV, écrivant au roi de France, résumait
ainsi les principaux miracles constatés jusqu'alors :

« Vn enfant mort a esté ressuscité comme par vn autre
» Elisée ; il a pareillement restitué la mammellé à vne
» femme, plus belle qu'auparavant, elle se l'estant couppée
» pour l'excessive douleur qu'elle y sentoit : il a guéry par
» vne convenable exténuation de corps vne autre femme
» qui estoit estrangement enflée d'hydropisie. Il a consolidé
» et renfermé vne ouverture qu'vn certain auoit dans l'aine,
» par laquelle ses entrailles apparoissoient. Vne fille aussi,
» dont les pieds et jambes estoient tellement vlcerez de fis-
» tules qu'on n'y trouvait plus de remede humain, sinon de
» les faire coupper, afin qu'elles ne corrompissent le reste
» du corps, fut entièrement guérie et délivrée de ses vlceres
» par les mérites de ce saint. Vne autre fille, qui fut sur-
» prise d'vn embrazement, fut trouvée saine et sauve au
» milieu des charbons ardents, le feu oublieux de sa force
» par les mérites du saint, ne luy ayant imprimé aucun
» vestige ou marque de lesion. Bref il a rendu la veuë aux
» aveugles, l'ouye aux sourds, le parler aux muets, le mar-
» cher aux boëteux, aux paralytiques le libre vsage des
» membres ; en vn mot, toutes choses sont incontinent
» octroyées à l'invocation de son saint nom, par lequel sont
» chassées les ténebres de ceux qui ignorent Dieu ; la per-
» uerse doctrine des hérétiques est confondue et la sainte
» foy des fideles vérifiée et accrue. »

Devant ces toutes spéciales et éclatantes faveurs du Tout-
Puissant autour de la tombe du saint, combien ardentes
devoient être les prières, combien vive la reconnaissance
de ce peuple religieux ; comme les voix, comme les cœurs
devoient s'élever vers le ciel, avec les sveltes colonnes,
avec les jets de colonnettes et les arceaux qui s'en allaient
se rencontrer deux à deux vers les voûtes, ainsi que des

mains jointes! Ces âmes ferventes, ces formes architecturales, où tout, par une commune et sublime direction, semblait aspirer à la céleste patrie, se réflétaient les unes les
autres, se moulaient les unes sur les autres, de sorte que
cette grande croix, sur laquelle tout un peuple venait dans
un même esprit, dans un seul sentiment, offrir pour les pé-
chés du monde la victime sans tache, c'était bien là la plus
parfaite image du sacrifice du Calvaire!!

C'est à ce point de vue seulement qu'il est possible de
comprendre et d'admirer complètement ces savantes, non
moins que majestueuses églises du moyen-âge. C'est sous
ce rapport qu'il faut en étudier les formes qui toutes avaient
un sens précis, et d'ordinaire une haute signification.

Après avoir tenté cette bien pâle et bien imparfaite appréciation du symbole religieux que la foi de nos pères traça
somptueusement au centre de notre cité, il y a près de six
siècles, il nous reste à indiquer les principaux changements
qui y ont été faits et qui, disons-le tout de suite, ont été en
s'appauvrissant de plus en plus jusqu'aux dernières années.
Parlons d'abord des chapelles ajoutées à l'église de saint Guillaume, telle que nous l'avons montrée, se composant de trois
nefs, de deux transepts, d'un abside et d'une chapelle
établie sur chaque bras de la croix, parallèlement au vaisseau
principal.

XIVe SIÈCLE.

La première chapelle en date, celle aussi qui se rapproche
le plus du style général du monument, est celle de la
Sainte-Vierge, qui, croit-on, fut bâtie par l'évêque Geoffroy de Rohan, vers 1372. Les formes sveltes et pures de cet
exemplaire de l'architecture religieuse au 14e siècle sont en
partie cachées par une fort mesquine et très-peu gracieuse
boiserie. L'œil exercé y retrouve pourtant la vigueur et la
netteté du siècle précédent, mais plus de maigreur, quelque
chose de moins harmonieux dans les formes.

Ce fut peu de temps après l'érection de cette annexe qu'en 1375 la cathédrale soutint son premier siége, défendue par les habitants contre le duc Jean IV qui n'y pénétra pas. Nous n'avons pu découvrir d'autres traces des travaux qui furent sans doute exécutés pour la défense, sinon un grand nombre de meurtrières dans l'escalier de la tour du Martray et aux divers étages de cette tour où l'on voit aussi des embrasures pour arbalètes, pierriers et autres engins en usage alors. La résistance de l'église dit assez que la petite armée du duc n'avait point d'artillerie, ce qui était un moyen de guerre fort rare encore et fort peu mobile.

Les ouvertures militaires pratiquées après coup dans la tour du nord nous semblent établir suffisamment son existence à cette époque, et, de ce qu'aucune disposition de ce genre ne se trouve dans l'autre tour, nous conclurons que celle-là n'existait point. Cette remarque n'est pas sans importance, nulle date, nulle forme architecturale nettement caractérisée n'établissant à nos yeux, d'une façon certaine, l'âge de ces deux parties du monument.

Il est probable que ce fut à cette époque que le porche établi anciennement sous la tour du nord fut bouché par un mur qui n'est évidemment pas du temps de la tour. On dirait même que ce travail très-solide a été précipitamment établi et non terminé à l'intérieur. Plus tard on y dressa une chapelle ou oratoire sous l'invocation de Saint-Jacques. Des armoiries qui s'y trouvent répandues à profusion et qui sont sur un point portées par un ange dans le goût du 14ᵉ ou 15ᵉ siècle, nous ont longtemps embarrassés et poussés à bien des recherches inutiles. On avait cru y distinguer des branches de houx ; mais nous nous arréterons volontiers à l'opinion de M. Saullay de l'Aistre, président de la société d'archéologie : ces armes, suivant lui, sont *parlantes* et doivent être celles d'Alain de la Rue, Evêque de Saint-Brieuc, qui portait sans doute pour armoiries une tige de *rue adextrée au chef d'un croissant*. On sait qu'Alain de la Rue, selon les uns, ne passa qu'un an sur le siége de Saint-Brieuc où il fut appelé précisément en 1375 et que, selon d'autres au contraire, il gouverna notre église de 1419 à 1424. Il n'est guère probable que ce fût au milieu des préoccupations du siége de la cathédrale, dans un lieu plus que tout autre exposé aux coups de l'ennemi, qu'on songeât à transformer ce porche en oratoire. Il est plus vraisemblable que cette fondation se rapporte à une époque plus calme, à elle par exemple où furent ouvertes en avant du porche, entre les deux éperons de la tour, la jolie petite porte et la fenêtre qu'on voit encore bien que bouchées, et qui doivent être du 15e siècle. Tout annonce qu'on n'eut l'idée de cette transformation que l'orsqu'on eut renoncé définitivement au projet de l'ancienne façade et arrêté un plan nouveau, qu'indique suffisamment une origine d'arcade à la tour du midi. De sorte qu'il [nous semble que la seconde tour pourrait bien être du 15e siècle, comme l'indiquent la disposition intérieure des fenétres et les voûtes naissant dans la maçonnerie même, à la façon des arceaux de la chapelle du Saint-Sacrement dont nous aurons bientôt à nous occuper. Cette opinion confirmerait le dire des historiens qui ne placent Alain de la Rue qu'entre Jean de Malestroit et Guillaume Brillet, c'est-à-dire de 1419 à 1424.—C'était contre cette dernière tour que se trouvait adossé le calvaire au pied duquel les condamnés à mort venaient faire amende honorable.

Mais revenons au 14e siècle et, pour clore l'époque militaire de la cathédrale, rappelons sommairement qu'elle fut prise par Olivier de Clisson, en 1394, après un siége de 15 jours et plusieurs brèches. Peu de temps après, ces dégâts furent réparés, et Clisson put à son tour y défier les efforts du duc qui, après une démonstration destinée à attirer Clisson hors de la ville, se retira sans en tenter le siége.

XVe SIÈCLE.

Chaque siècle a voulu ajouter quelque chose à notre cathédrale et y laisser son empreinte. Si, ce qui n'est pas douteux, le monument a perdu en harmonie et en beauté à ce syncrétisme, du moins il est curieux de trouver ainsi, dans le principal édifice du diocèse, des exemplaires très-soignés de chaque siècle. Le 15e est bien caractérisé par la chapelle du Saint-Sacrement qu'on doit à *Jean Pregent*, vers l'année 1445. Réunie aujourd'hui au transept midi sous un même toit, elle eut d'abord une charpente et une couverture distincte. Elle est surmontée d'une chambre dite de Saint Guillaume, qui servait de *librairie*, c'est-à-dire de bibliothèque (1), et peut-être d'école. Des commencements de fenêtres à l'extérieur, et à l'intérieur des cheminées, un escalier, annoncent qu'une seconde pièce était projetée sur celle-là ; mais tout indique qu'elle n'a jamais été exécutée. Le caractère général de cette construction offre les qualités et les défauts de l'époque. Le maniéré, la recherche commencent à percer dans les fenêtres, dans les rosaces, dans les moulures et dans ces arceaux de voûtes qui veulent ne reposer sur rien et qui naissent soit des murs, soit des fûts de colonnes, comme les branches du tronc de l'arbre. Mais la légèrete, la grâce s'y retrouvent encore à un haut degré ; l'appareil est plus riche qu'il ne fut à aucune autre époque ; l'ornementation est étudiée avec soin, sans cette profusion et cette recherche futile qui devinrent si à la mode peu de temps après. Alors l'ensemble avait perdu en grandeur, en majesté, en harmonie ; le beau commençait à se réfugier dans le détail ; la pensée se retirait de la tête ou plutôt de l'âme de l'architecte ; mais la main de l'ouvrier gagnait chaque jour. Tout le monde a remarqué les jolies colonnes qui

---

(1) Librairie s'entend toujours d'une bibliothèque à cette époque. la librairie du Louvre, les librairies de Bourgogne.

ornent, plus qu'elles ne soutiennent ces voûtes; mais la boiserie qui garnit ou, si vous voulez, qui décore le chœur, cache des détails fort jolis. Nous citerons entr'autres une charmante petite porte basse en ogive, surmontée d'un écu que supportent deux anges agenouillés, dans le goût du temps. L'écu est aujourd'hui effacé; mais une mitre qui le couronne ne laisse aucun doute sur les armes qu'il portait, celles du pieux fondateur de cette chapelle (*d'azur à la face d'or*, accompagnée de trois *molettes de même*). Tout cela a échappé aux vandales de la révolution, grâce à une épaisse couche de plâtre qu'on vient récemment d'enlever. Cette porte donne entrée sur un délicieux escalier en pierre, construit dans une jolie tourelle octogone qui est adossée au chevet de la chapelle.

Ce fut sans doute vers le même temps que furent reconstruites les voûtes des transepts qui avaient d'abord deux voussures, tandis qu'elles en ont trois aujourd'hui. Les murs furent élevés au-dessus d'une ligne de modillons qui se voit encore d'un côté et qui soutenait l'ancienne corniche, et les 4 fenêtres à lancettes (deux simples et deux géminées) firent place à la grande fenêtre surmontée d'une belle rosace occupant le fond de chaque transept. Celle du midi existe encore intacte; mais celle du nord a été brisée probablement dans la révolution. Une large et belle arcade ouvrit une communication, aujourd'hui bouchée, entre le transept et la chapelle nouvelle qui prit le nom de Saint-Guillaume. Peut-être pourrait-on aussi assigner à cette époque la voûte qui transforma en caveau, nommé *la Petite Trésorerie*, la portion d'une cour comprise entre l'ancienne chapelle des fonds et le chevet de l'église (1). Peut-être aussi les voûtes du pourtour du chœur ont-elles été refaites, en tout ou en partie, vers ce temps.

(1) M. l'Abbé Souchet pense que ce petit caveau, garni de forts barreaux, a

XVIᵉ SIÈCLE.

Cette époque et la fin du siècle précédent sont marquées par l'érection de petites chapelles qui furent établies, comme les fleurons d'une couronne, tout autour du chevet de l'église. C'était la forme de dévotion du temps. Les familles riches fondaient de ces petites chapelles où elles avaient un enfeu, et elles y attachaient, avec certains revenus, un certain ordre de prières. Il paraît même que ces fondations pieuses n'exigeaient pas toujours une chapelle, ni même un autel particulier; car nous avons trouvé dans les anciennes archives de l'église plus de chapellenies indiquées qu'il n'y a évidemment jamais eu de chapelles ouvertes dans la cathédrale. C'est ce qui résulterait aussi de plusieurs prises de possession, entr'autres d'un procès-verbal de 1689, qui constate la *prise de possession, réelle, corporelle et actuelle, par Jean Paburel, prêtre choriste, des fondations et pressimonies des Ardenets, à l'autel Saint-Jean près des fonts.*

Aujourd'hui, outre les chapelles dont nous avons parlé, la cathédrale ne possède plus que celles de Saint-Gilles, de Sainte-Apolline et l'ancienne chapelle de St.-Julien, puis du St.-Esprit, où sont aujourd'hui les fonts. Celle-ci avoisine la chapelle du St-Sacrement dont elle reproduit les principaux caractères (1). La porte dite de la Vierge occupe l'emplacement

pu être une prison pour le clergé à une époque où cette peine se présente continuellement dans la discipline ecclésiastique. Si on considère que de là un chanoine pouvait suivre l'office et, malgré sa peine, remplir son principal devoir, on avouera que cette hypothèse est au moins fort ingénieuse.

(1) Au moment où nous allons mettre sous presse, cette chapelle vient d'être débarrassée de ses laides boiseries, et sur le mur on a trouvé une peinture murale qui, bien qu'à demi-effacée, ne laisse pas d'être curieuse. On distingue encore la Sainte Vierge portant l'Enfant Jésus, Saint Martin et Saint Salomon. Cette peinture nous semble pouvoir être du commencement du xviiᵉ siècle.

d'une ancienne chapelle, et l'on vient près de celle-là d'en dégager une autre dédiée à Saint Brieuc et à Saint Guillaume autrefois; elle est prête aujourd'hui à recevoir un autel.

Toutes ces constructions se ressemblent beaucoup. Placées presque toutes entre deux éperons et s'avançant plus ou moins au dehors de l'église, elles contiennent avec un autel, une ou plusieurs fenêtres, une ou plusieurs labes destinées à recevoir les corps des fondateurs et de leurs familles. Les clefs de voûtes portaient des écussons que la *glorieuse égalité* a effacé avec le plus grand soin. De sorte que le seul caractère de ces petits monuments sont leurs fenêtres qui appartiennent toutes au genre flamboyant.

C'est aussi à peu près à ce temps que se rapportent les labes qui environnent la cathédrale et qui se ressemblent assez. Un cintre autour duquel s'enroulent des feuilles de vigne et des grappes de raisin, des deux côtés; de maigres clochetons dont les sommets sont réunis par un cordon; tel est le caractère qui leur est propre à toutes, et qui annonce déjà une décadence avancée du style ogival.

Nous ne pouvons clore cette époque sans dire un mot d'un des plus curieux morceaux qui ornent la cathédrale; nous voulons parler du buffet d'orgues. En tant que finesse de sculpture, délicatesse de détail, caprice de broderie, expression de physionomies et de poses, et surtout caractère du temp , il serait difficile de trouver une menuiserie plus achevée que celle-là. Tout le buffet est couvert d'arabesques au milieu desquels se jouent des enfants parfois très-*mythologiques,* pour ne rien dire de plus, et des oiseaux-mouches d'une délicatesse d'exécution dont on ne peut se faire d'idées. Dans chaque panneau se détachent plusieurs médaillons portant des têtes d'hommes et de femmes en costumes de François Ier. Enfin le dessous est décoré de stalactiques, fouillées avec un goût et un soin merveilleux. Le dessus portait sans doute les mêmes ornements que la main des *vandales-restaurateurs*, non moins redoutable que celle des *vandales-destructeurs*, n'a pas su respecter. Bien d'autres mutilations sont venues d'ailleurs gâter cette belle menuiserie. On nous a raconté que l'enfant d'un ancien organiste s'amusait en forme de passe-temps, pendant que son père était au clavier, à couper avec son couteau, ici une tète de dame, là un bras de seigneur, plus loin une patte d'oiseau. Par bonheur il n'a pas eu le temps de tout dévaster. Nous consignerons ici la promesse qu'a bien voulu nous faire M. Lorrin dont le talent pour la mignature est si connu, de dessiner tout ce chef d'œuvre de la Renaissance ; le souvenir du moins en sera ainsi mis à l'abri des couteaux futurs. Ce curieux travail porte la date de 1540.

XVIIe et XVIIIe SIÈCLES.

Nous n'avons du premier rien de bien caractérisé, et nous ne nous en plaignons pas. Mais par compensation l'art matérialiste du 18e siècle a cruellement traité notre cathédrale. Par un malheur que ne cesseront de déplorer tous ceux qui attachent quelque importance aux formes architectoniques, la grande voûte se trouva à menacer ruine au commencement de ce siècle. Le saint évêque qui était alors assis sur le siége de S.-Brieuc, Mgr Fretat de Boissieux, eut à cœur de relever la nef toute entière. Pour cela il se réduisit à la vie bien frugale des élèves du séminaire où il alla demeurer, voulant consacrer exclusivement ses revenus à cette œuvre pour laquelle, paraît-il, il y avait peu à compter sur la population. Le zèle du pieux prélat fut récompensé ; il vint à bout de son entreprise, et comme construction la nef de la cathédrale est, au dire de tous les architectes, un des bons morceaux de ce temps. Mais il faut bien convenir aussi que cette architecture sans caractère, sans signification, retour malheureux à l'art païen, jure avec l'ensemble de l'édifice ; et ce sera un beau jour que celui où on pourra lui rendre la nef de Saint Guillaume.

Pour la consoler de cet échec, notre cathédrale a reçu depuis une menuiserie du même temps qui est très-vantée et non sans motif. Nous voulons parler de l'autel du S.-Sacrement, de son retable et de ses stalles qui figurent encore dans la chapelle de Saint-Guillaume. Plusieurs statues de grandeur naturelle, parmi lesquelles figure une Annonciation, sont, ainsi que de remarquables garnitures, dues au ciseau de Corlay, l'Apelles des Côtes-du-Nord. Tout ce travail fait pour la chapelle des Filles-de-la-Croix, fut par les soins d'un honorable habitant de notre ville, dérobé à la rage destructive des *patriotes* de 93, et offert à la cathédrale lorsqu'elle fut rendue au culte.

XIXe SIÈCLE.

Comme nous ne voulons parler que des constructions qui ont ajouté quelque chose à la cathédrale, et que nous voulons passer sous silence tous les hideux replatrages et badigeonnages destinés, sous les plus frivoles prétextes, à défigurer ou à masquer les plus jolies parties de l'édifice et à lui enlever toute physionomie, notre tâche touche à sa fin. Nous remercierons toutefois ceux qui se sont bornés à *cacher* sans *briser* : ceux-là sont les moins coupables.

Bien que notre époque n'ait encore guère déposé d'empreinte sur ce monument, déjà néanmoins nous devons signaler, en outre des améliorations que nous avons mentionnées au début de ce travail, plusieurs créations qui semblent promettre une véritable et toute chrétienne renaissance. Ainsi, la statue funéraire de Mgr de la Romagère est, malgré les défauts qu'on lui reproche, une des meilleures de la cathédrale, par la ressemblance surtout. Les jolies broderies qui entourent le tombeau et qui sont dues au facile ciseau de l'infortuné Nourrit, annoncent aussi le réveil du goût ogival, et font espérer que le temps n'est pas loin où d'habiles ouvriers pourront compléter la vénérable église de nos saints patrons. Alors disparaîtront peu à peu tous ces hideux *embellissements* qui depuis deux siècles n'ont pu parvenir encore à rendre le monument tout à fait méconnaissable. Alors aussi, nous en avons la ferme conviction, les soins intelligents, donnés à l'œuvre qui fut si chère aux deux grands patrons de notre diocèse, réveilleront la dévotion envers ces saints confesseurs, et attireront de nouveau sur notre pays les innombrables faveurs qu'il a reçues du ciel par leur intercession.

Les fragments de vitraux qui restent à quelques fenêtres sont trop incomplets pour être l'objet d'une étude spéciale. Disons seulement que plusieurs personnages ont conservé toute la naïve et fervente expression des siècles de foi où ils furent dessinés, et quelques-uns aussi, ces éclatants vêtements qui n'ont rien perdu encore depuis 4 ou 500 ans. Nous sommes persuadés que tous seront conservés avec un soin religieux, en attendant que nos belles fenêtres ogivales puissent reprendre leurs éblouissantes parures.

Les tableaux qui couvrent les murs, et qui parfois les ornent, sont assez nombreux, mais sans avoir rien de très-remarquable. Cependant il convient de signaler à l'attention des amateurs : une Nativité de Jouveney ; une bonne copie de la Descente de Croix du même peintre ; un massacre de moines en Allemagne, massacré lui-même par une moderne restauration ; un Martyr de St.-Etienne de A. d'Hardiviller ; un paralytique de P. Poisson ; et Marthe et Marie, fade composition qui plaît assez aujourd'hui.

Deux tableaux des Gobelins, venant de Saint-Germain, sont fort curieux comme ouvrages de tapisserie. L'un est la

scène du Centurion qui n'a pas moins de 5 mètres sur 4.
L'autre est un saint Germain ou saint Guillaume dont l'at-
titude est, suivant nous, loin d'être heureuse.

Enfin, pour terminer cette rapide revue, il nous resterait
à rechercher quels sont ceux qui reposent dans les divers
tombeaux qui entourent l'église. Mais toutes les inscriptions,
toutes les armoiries, ont été effacées avec un soin merveilleux, et les pierres tombales, qui conservaient quelques noms,
quelques effigies, ont été déplacées pour servir de dales.
Tout cela n'offre donc plus qu'un médiocre intérêt; toutefois nous nous proposons plus tard de faire à ce sujet de
nouvelles recherches, de relever les inscriptions tombales
encore lisibles. Dans l'ancienne chapelle des fonts, à droite,
il existe un tombeau dont l'étrange ornementation nous pa-
rait être du 15e siècle, et qui mérite de fixer l'attention. Les
baraques, sorte de ronces qui obstruent trop souvent le
pied des édifices, ont ici poussé avec une audace dont on ne
peut se faire l'idée qu'en les voyant s'étendre à l'intérieur même de l'église, où elles ont pénétré tantôt par des
portes, tantôt par des fenêtres, tantôt par des trous prati-
qués sans façon. Ainsi le tombeau dont nous parlons est
bouché à l'intérieur de l'église et percé au dehors. Il sert
d'alcôve à toute la famille d'un cordonnier qui y dort fort
paisiblement. Le premier et le plus difficile soin que demande notre cathédrale, c'est à la lettre de chasser les ven-
deurs du temple. Et pendant qu'on sera en train de déblayer
les alentours de l'édifice, nous espérons qu'on trouvera
moyen de porter ailleurs les latrines publiques qui sont
adossées à la chapelle du Saint-Sacrement; ce n'est pas seulement là une profanation, c'est une honte pour la ville de
Saint-Brieuc.

En terminant cette revue trop rapide, nous éprouvons de
nouveau le besoin de confesser que, sans guides et réduits à

nos

nos propres forces, nous avons dû commettre bien des er-
reurs, mais nous avons l'espoir d'avoir ouvert une route à de
plus habiles. En attendant, on ne manquera pas sans doute
de distinguer dans notre travail deux choses , et c'est à cela
que nous tenons le plus : d'une part les parties bien carac-
térisées de l'édifice , de l'autre nos hypothèses. Ainsi, ce
qui est incontestable , c'est que les parties essentielles du
monument sont du xiiie siècle , c'est-à-dire de l'époque qui
fut l'apogée de l'architecture justement nommée *catholique ;*
et que, pour en faire une des plus belles cathédrales de Bretagne , il suffirait de compléter ce beau plan qui est l'un des
moins chers d'exécution que l'on pourrait trouver.

FIN.

La société archéologique a reçu de M. le président Habasque la lettre suivante qu'elle se fait un plaisir d'insé-
rer dans ses annales.

—

A Messieurs les Membres de la Société archéologique des Côtes-du-Nord.

MESSIEURS,

Dans la période de dix ans qui vient de s'écouler, nous
avons publié, tant dans l'annuaire de Dinan que dans celui
des Côtes-du-Nord, une série d'articles sur les villes,
communes et monuments du département, ce sont :

L'incendie de l'église de Plouguenast le 27 décembre
1597, — l'inhumation d'un cordier en cette église à la fin
d'avril 1716, — le Menhir de Trégrom, — le château de
Coëtmen, — l'abbaye de Lantenac ;

Des notices biographiques sur MM. Aulanier, — de Bédée,
— Budes de Guébriant, — Eveillard, — Jouanin, — Bertrand de Saint-Pern et Simon de Collinée ;

Des aperçus historiques sur Belle-Isle-en-Terre, —
Broons, (*) — Corlay, — Châtelaudren, — Callac, — Guin-
gamp, — Jugon, — Lamballe, — Moncontour, — Quintin,
— Rostrenen, — Uzel ;

Collinée, — Gouarec, — l'Hermitage, — Pleumeur-
Bodou, — Plounévez, — Moëdec, — Plœuc, — Plerneuf,
Plénée-Jugon, — St-Nicolas-du-Pélem, — Trémuson
et Trébeurden.

(*) Quelques-uns de ces articles ne paraîtront toutefois que dans l'annuaire des
Côtes-du-Nord pour 1845.

Ces articles, et ceux que contiennent les notes, embrassent au moins la matière d'un volume in-8° de 4 à 500 pages qu'on pourrait intituler : *Voyage dans l'intérieur du département des Côtes-du-Nord.*

Ils complètent nos notices historiques, géographiques, statistiques et agronomiques sur l'ensemble du département.

Notre tâche est donc achevée; mais en dehors de ce que nous avons publié, il reste des chapelles, des ruines et deux à trois cents communes qui attendent leur historien.

Il y a des dolmen, des cromlec'h, des lichaven et des menhir à signaler; des voies romaines à découvrir; des médailles, des blasons (1) à déchiffrer; de beaux sites à décrire; des rivages, des bois, des montagnes à herboriser; des terrains à sonder; des pierres à briser; des coquilles à classer; des oiseaux, des animaux, des insectes à indiquer.

A vous, Messieurs, ce travail à faire; cette lacune à remplir : ce sera pour vous chose aisée.

Dans votre société, qui se compose d'une soixantaine de membres, se trouvent des talents admirables : peintres, historiens, naturalistes. Eh bien! que 25 d'entre vous se chargent de faire annuellement l'histoire et la statistique de 50 communes, que le surplus des membres de la société se distribue les chapelles, les monuments; qu'ils exécutent des fouilles et se livrent aux diverses recherches d'histoire naturelle, et, dans moins de dix ans, vous aurez rassemblé des

---

(1) Ce travail incombe de droit à votre président, l'homme de Bretagne le plus versé, peut-être, dans ce genre de connaissance ; qu'on ne croie pas que l'explication des armoiries existant sur les vitraux de nos églises, des tombes de nos cimetières, serait sans résultats utiles. Elle en aurait, au contraire, de la plus grande importance. Elle servirait à expliquer une infinité de points d'histoire restés jusqu'ici dans l'ombre. Elle servirait notamment, dans un grand nombre de cas, à fixer l'époque et l'auteur de tel ou tel monument. Nous ferons donc personnellement un appel à M. Saullay de L'Aistre ; nous espérons qu'il y répondra.

matériaux qu'aucun homme ne pourrait réunir dans le cours de la vie la plus longue et la plus occupée. Viennent alors des écrivains qui classent, colorent et coordonnent ces éléments; qu'ils y joignent ceux qui sont produits dans l'intervalle par des travailleurs isolés; qu'on enrichisse, en outre, ce grand ouvrage de cartes et de lithographies, et la génération qui nous suit pourra s'écrier avec vérité : « *Exegi monumentum.* »

A Ruffelet, à vous, Messieurs, à nous peut-être, la satisfaction d'avoir jeté le fondement et taillé la pierre; à un successeur, l'honneur de poser le couronnement de l'édifice; à tous la gloire d'avoir composé un ouvrage d'une impérissable durée, d'une utilité incontestable; d'avoir donné un exemple que les autres départements suivront de proche en proche et, en faisant connaître, sous son vrai jour, ce pays si étrangement et parfois si ridiculement travesti, d'avoir rendu à notre Bretagne la place qu'elle mérite d'occuper dans cette belle France qui marche à la tête de la civilisation européenne.

Je suis avec respect,

Messieurs,

Votre très-humble et très-obéissant serviteur.

HABASQUE.

ANNALES

DE

LA SOCIÉTÉ

ARCHÉOLOGIQUE ET HISTORIQUE

DES CÔTES-DU-NORD.

N° IV.

SAINT-BRIEUC,

CHEZ L. PRUD'HOMME, IMPRIMEUR-LIBRAIRE

1846.

ANNALES

DE

LA SOCIÉTÉ

ARCHÉOLOGIQUE ET HISTORIQUE

DES CÔTES-DU-NORD.

N° IV.

SAINT-BRIEUC,

CHEZ L. PRUD'HOMME, IMPRIMEUR-LIBRAIRE

1846.

ANNALES

DE LA
SOCIÉTÉ ARCHÉOLOGIQUE ET HISTORIQUE
DES CÔTES-DU-NORD.

SÉANCE GÉNÉRALE ET ANNUELLE

DU 3 DÉCEMBRE 1845.

PRÉSIDENCE DE M. ATH. SAULLAY DE L'AISTRE.

La société archéologique et historique des Côtes-du-Nord a tenu, le 3 Décembre 1845, à l'hôtel de ville de Saint-Brieuc, sa séance générale annuelle. Le bureau était composé de :

MM. Ath. Saullay de L'Aistre, président de la société ;

Épivent, curé de la cathédrale, vice-président ;

A. De La Noüe,
J. Geslin de Bourgogne, } secrétaires ;

L'abbé Prud'homme, trésorier.

Etaient présents : MM. Baron du Taya ; Basset-Villéon ; Bazin , prédicateur de la station de l'Avent ; Garnier de Kérigan ; Guépin ; architecte ; Guillólohan , adjoint au maire de Saint-Brieuc ; Guimart père ; le vicomte de Kergariou ; A. de La Lande de Calan ; de Lanascole ; Le Borgne , vicaire général ; l'abbé Le Breton , chanoine ; Le Court de La Ville-Thassetz ; l'abbé Limon ; Lucas ; l'abbé Marsouin ; de Ménorval ; Picot de Boisfeuillet ; Rioust de de l'Argentaye , membre du conseil général ; l'abbé Robillard , chanoine , directeur de la maison de Saint-Charles ; Saullay de l'Aistre père ; Henri de Tréveneuc.

La société voit avec une vive satisfaction plusieurs membres de la société centrale d'agriculture , et des personnes étrangères jusqu'ici à ses travaux, assister à cette réunion ; elle les remercie de cette marque de sympathie et d'intérêt , qui ne peut être pour la société archéologique qu'un motif réel d'encouragement , en même temps qu'elle lui promet pour l'avenir un puissant et précieux concours.

Une médaille trouvée à Péran , diverses scories et vitrifications, des briques de différentes formes et dessins, extraites de l'enceinte de Péran , figurent sur le bureau , et appellent l'attention de la société.

M. l'abbé Marsouin y dépose deux *celtæ*, des instruments de sacrifice , des amulettes , un couteau en silex. Ces objets proviennent des fouilles dirigées par M. l'abbé Marsouin sous un monument druidique dans la commune de Saint-Aaron. A cette collection précieuse est joint un dessin à la plume représentant le monument.

M. le Président déclare la séance ouverte. Il donne lecture d'une lettre de M. le Préfet qu'un devoir impérieux empêche d'assister à la réunion, et par laquelle ce magistrat présente à la société M. Barthélemy , conseiller de préfecture , secrétaire-général.

La société exprime le regret qu'elle éprouve de l'absence de M. Le Préfet ; elle sera heureuse de compter parmi ses membres M. Barthélemy, membre de la société des Antiquaires de France, élève de l'école des Chartes et qui s'occupe avec assiduité de la science archéologique.

Après la lecture de la lettre de M. le Préfet, M. le Président se lève et dit :

MESSIEURS,

Diverses circonstances sont venues retarder, successivement, la séance générale annuelle de la société archéologique et historique des Côtes-du-Nord.

Nous nous félicitons, Messieurs, de l'époque que nous avons choisie, puisqu'elle nous permet de voir aujourd'hui nos travaux encouragés par votre présence : cette présence seule est un appui, et nous vous remercions de nous l'avoir accordé (1).

Depuis notre dernière réunion, nous avons acquis deux nouveaux collaborateurs dont les lumières et l'assistance sont vivement appréciées par la société. Ce sont MM. Denjoi, sous-préfet de Loudéac, et l'abbé Faguet.

Leur zèle et leur savoir ont puissamment contribué au succès des travaux entrepris pour la reconstruction de l'église de La Prénessaye.

L'ancienne église n'avait de remarquable que son lambris porté par des arcs doubleaux parallèles et très-rapprochés. Ces arcs étaient d'une assez belle exécution. Ils reposaient

(1) La société archéologique avait décidé que sa réunion annuelle succéderait immédiatement à celle de la société centrale d'agriculture.

sur des entablements couverts de reliefs où figurent des dragons, des lions, etc. Ces entablements symboliques, rares dans la partie française du département, ont semblé mériter d'être conservés.

Le conseil général des Côtes-du-Nord a voté, pour 1846, le même chiffre que les années précédentes pour la conservation des monuments historiques, en déclarant que la situation financière du département ne lui permettait point une allocation plus élevée. La société archéologique des Côtes-du-Nord a donc dû se borner, comme précédemment, à la surveillance, sous le rapport artistique et historique, des travaux de reconstruction ou de démolition sur lesquels l'administration a appelé son examen.

Le monument de Lanleff a fixé de nouveau l'attention de la société. Dans un rapport à M. le Préfet, que ce magistrat a bien voulu m'envoyer en communication, M. le baron de La Pilaye signalait comme exigeant d'urgentes réparations une portion de l'enceinte extérieure de cette église.

La moitié de ce mur, conservée pour former le transept de l'église, est couverte ; mais les murs du reste du pourtour sont exposés aux infiltrations de la pluie.

M. de La Pilaye proposait d'y faire apposer une toiture économique dont il élevait la dépense à 5 ou 600 fr.

Il a semblé à M. Guépin, architecte, l'un de nos anciens collègues, que ce travail serait d'un mauvais effet. Etabli sur des murs en pente, il ne se raccorderait point avec la partie existante de l'édifice qu'il assombrirait et auquel il enlèverait tout son caractère.

Les parties annulaires ne sont éclairées, à part le jour qu'elles prennent à l'intérieur et que l'if qu'il renferme rend fort sombre, que par de très-petites fenêtres en forme de meurtrières, au nombre de deux par chaque travée. Ces fenêtres, même dégagées des terres qui les obstruent, ne permettent de voir qu'imparfaitement les arrachements qui indiquent la forme de voûtes, et laissent pénétrer le secret de leur construction. M. Guépin reconnaît qu'il est urgent de s'occuper de la préservation de cet ancien monument; mais il pense que le moyen le plus simple serait la continuation du système adopté jusqu'aujourd'hui, c'est-à-dire, l'emploi du ciment judicieusement appliqué; une somme de 300 fr., environ, serait suffisante.

M. le Préfet a bien voulu, Messieurs, nous promettre d'accorder pour les réparations, reconnues indispensables, du monument de Lanleff, ce que lui permettront les fonds libres laissés à sa disposition.

C'est à M. le Préfet que sont dues les fouilles exécutées à *Péran*. M. de Geslin, correspondant du Ministre de l'instruction publique et l'un de nos collègues les plus zélés, a dirigé ces fouilles et va vous entretenir de leur résultat, dans un travail spécial fait avec le savoir que vous lui connaissez.

Nous devons, Messieurs, des remerciements au magistrat qui, en subvenant aux dépenses qu'elles devaient entraîner, a rendu possible ces fouilles intéressantes, et à M. de Geslin qui les a rendues fructueuses par sa persévérante activité.

J'ai soumis à l'examen de nos maîtres en fait de science historique, de géologie et de numismatique, un des fragments des pierres et la médaille recueillis à *Péran*.

M. le comte de Kergariou, notre président d'honneur, dont il nous serait si profitable et si doux, à la fois, de recueillir plus souvent les doctes et bienveillantes leçons, ne voit rien de gaulois dans les vestiges de Péran. Tout lui persuade que Péran était un camp romain où le feu a été mis soit par les Gaulois, soit par les Romains eux-mêmes, en l'abandonnant. Si nous n'y avons pas aperçu de ciment, c'est que la force du feu qui a été extrême, vu l'état des pierres, même de celles du sol, en aura fait disparaître les traces. Le voisinage d'une route romaine, les briques, les médailles romaines trouvées à Péran semblent en effet déterminer la destination de cette enceinte et sa construction.

M. le comte de La Fruglaye conclut de l'examen des fragments que j'ai eu l'honneur de lui soumettre, que l'incendie qui a consumé Péran a dû être de la plus grande violence, si l'on en juge par son action de fusion sur les matières les plus réfractaires, telles que le feld-spalt argiliforme (*argilla apyra*), qui s'est transformé en véritable brèche, en s'unissant, à l'état de fusion, à un schiste abondant en pyrites ferrugineuses qui aura favorisé l'agglomération des matières.

M. de La Fruglaye pense, au surplus, que le terrain lui-même est ferrugineux et qu'il a agi sur les substances voisines au moment de la fusion.

M. Malagutti, savant géologue, aussi lui, partage l'opinion de M. le comte de La Fruglaye ; il ne saurait voir dans les échantillons soumis à son examen de simples produits de la nature, mais bien des scories de fourneaux dont quelques-unes contiennent beaucoup de cuivre et un peu d'étain et de plomb.

Cette opinion viendrait appuyer celle de M. Moët de la Forte-Maison qui a soigneusement examiné la médaille trouvée à Péran. Il pense que Péran renfermait des fourneaux romains pour la fabrication de la fausse monnaie. La médaille de Péran, quoique assez commune, devient infiniment curieuse sous ce rapport. Cette monnaie, dit M. Moët, tout à la fois coulée et manquée, et jetée au rebut sans avoir été ébarbée, indique clairement une intention hostile au fisc. Le fisc ne mettait en circulation que des monnaies frappées, d'un beau module et entier. Ici, au contraire, le faussaire a choisi pour modèle une monnaie usée, d'un flanc rétréci et douteux, afin qu'après l'ébarbement et un léger poli, la pièce pût être lancée comme étant depuis longtemps entre les mains du public.

On ne prétend pas conclure de ceci que Péran fût exclusivement consacré à cet usage ; mais il pouvait y avoir là une fonderie publique, plus ou moins considérable, destinée à cacher le but coupable de l'établissement secret. Quoi qu'il en soit, il faut que l'occupation romaine ait été établie de bonne heure, sur de solides fondements, en Armorique, puisque cette fonderie nous met en main une médaille de Germanicus.

On découvre sur le droit de ce moyen bronze les rudiments du quadrige triomphal dans lequel était le prince, tenant de la main gauche un bâton et un aigle. Au-dessus des chevaux étaient ces mots :

GERMANICUS-CÆSAR.

Le revers, mieux conservé, représente le même prince, debout, la main droite étendue, tenant de la gauche un aigle légionnaire, et, dans le champ, cette légende :

SIGNIS. — RECEP.

DEVICTIS — GERM.

(Signis receptis ; devictis Germanis.)

Et plus bas :

S. C.

(Senatus consulto.)

Voilà, Messieurs, les seuls éclaircissements que je puisse vous offrir aujourd'hui sur cette enceinte de Péran que l'obligeance de MM. Rioust de l'Argentaye, notre collègue, et Espivent de la Ville-Boisnet, propriétaire de Péran, a permis d'interroger.

La société n'a reçu jusqu'aujourd'hui aucun mémoire ou notice en réponse aux renseignements que j'ai demandés, en son nom, à chacun de nos collègues, dans un questionnaire en date du 15 septembre dernier. — Elle serait heureuse d'entendre, dans cette séance, traiter quelqu'une des questions historiques sur lesquelles elle s'est efforcée d'attirer l'attention.

M. le ministre de l'instruction publique, en m'adressant une ordonnance relative aux sociétés savantes, m'a invité à lui rendre compte, dans un rapport détaillé, de l'origine de la société archéologique des Côtes-du-Nord, de son but, de son organisation, de ses travaux et des ressources dont elle dispose. Je me suis efforcé de répondre aux demandes de M. le ministre aussi complètement qu'il m'a été possible de le faire et de concilier son appui à la société. Cet appui, Messieurs, nous est promis dans une dépêche de M. le ministre de l'instruction publique, en date du 27 septembre dernier.

J'ajouterai, parce que la gratitude m'en fait un devoir, qu'une obligeante réponse de la main de M. de Salvandy avait devancé la lettre officielle qui a suivi mon rapport.

Nous pouvons donc, Messieurs, persévérer avec espoir dans la voie que nous nous sommes tracée, dans cette *étude et ce culte des souvenirs nationaux*, que M. le ministre appelle *une pieuse et utile mission*.

En effet, Messieurs, les regards que l'homme studieux aime à reporter sur les temps qui ne sont plus, n'ont pas pour unique mobile les vaines sollicitations d'une curiosité stérile : si les études historiques n'avaient pour motif et pour résultat que de satisfaire les impatiences de l'imagination, en lui révélant le passé, elles ne seraient que des lumières inutiles à l'intelligence humaine et demeureraient sans valeur pour le monde social.

Ce que demandent à l'histoire les esprits d'une saine et véritable philosophie, ce sont des enseignements pour l'avenir. C'est la voie qu'il faut suivre pour rendre fécondes les heures qui lui sont données, que l'homme recherche ainsi, dans les souvenirs et dans les secrets des jours écoulés.

Telle route conduisit nos pères à de longues prospérités ; tels principes les soutinrent dans leurs revers ; tels mobiles élevèrent les arts, l'influence nationale : marchons, avec confiance, dans ces sentiers éprouvés ; et, sans fermer l'œil aux clartés nouvelles versées par la Providence sur la marche de la civilisation, et qui sont la civilisation elle-même, ne perdons jamais de vue les lois immuables qui glorifièrent la patrie, recherchons avec ardeur leurs puissantes empreintes. Si cela est salutaire, et personne ne le contestera parmi nous, ne pouvons-nous pas ajouter, Messieurs, qu'il y a dans la vie des nations, comme dans celle de l'homme même, des époques critiques où leurs destinées semblent suspendues dans l'espace, flotter incertaines, et dépendre du souffle qui va donner à leurs forces vitales une heureuse ou fatale impulsion ?

L'histoire générale nous enseigne, et la nôtre plus qu'aucune autre peut-être, qu'il y a péril, pour un peuple alors qu'un esprit nouveau cherche à se substituer violemment aux mœurs et à l'esprit propre de la nation. La législation agit sans doute sur les mœurs ; mais les mœurs qui naissent des intérêts sont plus fortes que les lois.

S'il en était ainsi aujourd'hui, Messieurs ?... si aux intérêts moraux, permanents, à l'esprit, à l'instinct naturel du pays, un effrayant vertige menaçait de substituer ses décevants systèmes?.. les conseils de la prudence, les efforts et les exemples des hommes sensés ne devraient-t-ils pas s'élever de toute leur puissance contre cet entraînement périlleux ?

Que si, dans une telle conjoncture, l'histoire venait en aide aux inspirations de la raison, ne serait-il pas social d'en faire, à cette heure même, ressortir les fermes enseignements ?

Messieurs, la réunion des hommes éclairés à laquelle plusieurs d'entre vous assistaient hier, la société centrale d'agriculture du département des Côtes-du-Nord, s'efforce de répandre, de plus en plus, dans nos contrées le goût et les progrès des patients labeurs, et d'en féconder les résultats : quand elle oppose ainsi, autant qu'il est en elle, un rempart salutaire au mal que je faisais pressentir tout à l'heure, que je n'ai pas encore nommé, que j'appellerais la fièvre du gain, et qui tend, suivant moi, à dénaturer l'esprit et les mœurs nationales; si, dans quelques rapides aperçus historiques, je parvenais à démontrer la réalité de ce danger, je me féliciterais d'avoir contribué, par ce tribut moral de nos études, aux travaux positifs de ces véritables amis du pays.

Loin de nous l'idée d'attaquer ici ces magnifiques et fécondes entreprises d'un commerce laborieux et probe ; ces conquêtes, ces merveilles que, dans l'industrie, l'esprit de Dieu a permis à la main de l'homme d'accomplir : non, elles sont la gloire et la richesse nationales. J'appelle fièvre du gain cette ardeur insensée qui nous précipite, sans moralité et sans examen, dans les plus téméraires entreprises ; cette soif de l'or recueilli sans travail, ou promis comme une facile curée à une foule ébahie ; je dis que cette fièvre ardente d'un lucre illicite est fatale aux peuples qui la subissent ; et que ses

effets, s'ils n'étaient puissamment combattus, altére-
raient, s'ils ne les effaçaient pas tout entières, les
mœurs nationales.

Ainsi, Messieurs, fut amenée la catastrophe de l'empire
romain : l'avidité était devenue générale; il se faisait d'é-
normes, de rapides, de scandaleuses fortunes aux dépens
de la fortune publique, aux dépens de l'état.

L'argent, nerf unique, agent universel de cette constitution, triste débris de la liberté et des mœurs romaines,
ne put en empêcher la ruine. On abandonna, on méprisa
les moyens de prospérité que donnaient l'amour et l'habi-
tude d'un travail persévérant et moral, pour se jeter dans
les rapides profits de l'agiotage. La campagne de Rome,
qui avait nourri jadis le peuple romain, ne contenait plus
que quelques bœufs, quelques moutons, quelques pâtres
isolés au temps de Domitien.

La défense nationale en souffrit bientôt : le soldat n'apporta plus sous les drapeaux ces probes et sages sentiments
du devoir qui se recueillent sous les toits rustiques, et l'on
n'osa plus compter sur la fidélité des corps armés.

Tel fut aussi l'état de Carthage depuis la dernière guerre
punique, de Byzance sous les empereurs grecs.

D'après la dangereuse théorie qui voudrait donner à l'argent une influence exclusive, parce que la voix de la cupi-
dité prévaut sur celle de la raison, tout serait amélioration
chez les nations les plus adonnées à ce système ; et ni Baby-
lone ne fût tombée devant les Perses, ni Carthage devant
les Romains, lorsque l'une et l'autre de ces villes contenaient plus de richesses qu'il n'y en avait dans tout le pays
des vainqueurs.

Nos ancêtres, témoins de la chute de l'empire romain,
donnèrent d'autres bases à la société qu'ils formèrent et à
la grandeur future de leur pays.

Au pouvoir exclusif de l'argent, ils substituèrent celui des lois et du travail ; ils favorisèrent l'agriculture ; et la puissance des nouveaux maîtres de la Gaule fut aussi grande qu'était devenu fragile le pouvoir des empereurs dans nos contrées.

Nos premiers législateurs firent reposer le système civil et militaire sur la propriété, la culture, l'amélioration du sol national. Effrayés des convulsions et de l'agonie d'un empire qui avait porté cependant au plus haut degré l'art financier, ils ne voulurent point que le sort de la patrie en dépendît.

Ils imposèrent à tous des devoirs publics ; de telle sorte que chaque parcelle du sol français obligeait ses détenteurs, ses cultivateurs et ses maîtres à des devoirs nationaux qui, dans leur ensemble, correspondaient à tous les besoins essentiels de l'état.

Ce système politique si simple en apparence, et qui cependant s'unit aux plus profondes combinaisons, avait été celui des Grecs et des Romains pendant leurs siècles héroïques.

Les fondateurs de la nationalité française le restituèrent aux Gaules dont autrefois il avait fait la vigueur, et il fut la force et la gloire des beaux règnes de Charlemagne, de Philippe-Auguste et de saint Louis. Par l'œuvre des Francs tout fut constitué au contre-pied des influences délétères qui avaient emporté l'empire romain ; sous leurs robustes mœurs, la monarchie française a obtenu une durée aussi étonnante que glorieuse, et n'avait pas compté, il y a à peine 50 ans, un roi abandonné, trahi ou massacré, contre trente Césars dont telle a été la fin tragique !

Messieurs, pour qui voudra savoir les puissants secours que le principe chrétien, les lumières et les travaux de l'Eglise catholique apportèrent alors à la société ; de quelles richesses ils dotèrent le caractère aussi bien que le territoire national, l'histoire est là ; celle des arts, comme celle de la politique, comme celle de la civilisation tout entière. Il ne faut que l'interroger avec bonne foi ; elle répondra par de magnifiques témoignages.

Elle nous dira, Messieurs, que c'est sous la double influence, je devrais dire sous la double égide, du principe chrétien, de l'amour et de la fécondation du sol de la patrie ? que la France a vu grandir sa force, sa puissance et sa gloire. Les populations agricoles sont laborieuses, valeureuses, animées d'un esprit d'ordre et de conservation. Au milieu d'elles, la religion console toujours les malheurs, soutient toujours les courages ; les bonnes mœurs sont en honneur et les traditions probes du foyer domestique y dirigent incessamment les générations nouvelles, comme un guide tutélaire qui les attend au berceau et ne les quittera qu'à la tombe.

L'histoire est riche des grandes choses accomplies par la vertu des races adonnées aux rudes travaux : l'or qui se récolte dans nos sillons n'énerve ni les bras ni les cœurs. La Bretagne se montre élevant ainsi ses générations morales et guerrières : vous savez mieux que moi, Messieurs, ce que ses annales nous enseignent ; espérons que l'avenir n'aura rien à regretter du passé ; les temps présents nous permettent de le prédire : l'armée n'a pas de plus vaillants ni de plus fidèles soldats, la mer de plus intrépides navigateurs que ceux qui leur viennent de nos champs et de nos rivages ; et sans nommer ici ces chefs habiles qui dirigent en Afrique la valeur française, et dont la Bretagne suit les pas avec un orgueil maternel, qu'il me soit permis de rappeler, en terminant, que c'est à l'ombre de nos vieux chênes qu'avait grandi cet héroïque enfant des Côtes-du-Nord, Chappedelaine, qui dort tombé sur les sables de l'Algérie, comme l'épée, je dirais presque symbolique, qu'entre de glorieux insignes on voit noblement couchée sur son écu. (1)

Il était né près du berceau de du Guesclin ; il s'en est allé mourir là où mourut saint Louis.

ATH. SAULLAY DE L'AISTRE.

Ce discours qui a vivement intéressé et ému l'assemblée, est suivi d'unanimes applaudissements. Les paroles si françaises et si bretonnes qui le terminent font sur l'assemblée une profonde impression ; elle s'associe tout entière au deuil de la famille du jeune héros breton et à des regrets si noblement exprimés.

La parole est à M. l'abbé Marsouin pour un rapport sur le monument druidique de Saint-Aaron.

M. l'abbé Marsouin s'exprime ainsi :

MESSIEURS,

Votre honorable président proposait, il y a quelques semaines, aux membres de la société archéologique et historique des Côtes-du-Nord, un second programme de travail, leur remettait sous les yeux celui de 1843 et les invitait à poursuivre avec un nouveau zèle la recherche des antiquités de notre département.

C'est pour répondre à cet appel, Messieurs, et aussi dans l'intérêt de la science, que nous venons vous communiquer

---

(1) MM. de Chappedelaine portent de sable, à l'épée d'argent, en bande, accompagnée de six fleurs de lys de même.

une

une notice sur un de ces vieux monuments en pierres
brutes qui remontent à l'époque celtique, et que l'on
nomme communément *allées couvertes*, *côffres de pierres*,
grottes aux fées, *tables des fées*, *tables du diable*, etc.

Le pays de Lamballe semble avoir été spécialement tra-
vaillé par les Druides: son sol offre de tous côtés des traces
de leur passage et des restes de leurs œuvres. Mais ces débris d'un passé mystérieux, et qui nous ont refusé jusqu'à
ce jour le secret de leur véritable destination, sont pour la
plupart tellement bouleversés, qu'on n'y voit plus qu'un
amas confus de pierres entassées les unes sur les autres, et
qu'ils sont à peine reconnaissables aux yeux de l'amateur.

La commune de Saint-Aaron possède l'un de ces monuments qui ont le mieux résisté à l'action du temps et à la
manie de détruire. Il est situé à 6 kilomètres de Lamballe,
à peu de distance à droite de la route qui conduit de cette
ville à Plancoët, sur une éminence appelée la *Chêne-Hut*.
Ce lieu se fait remarquer par son aspect sauvage : la bruyè-
re n'a pas encore cessé d'y croître, et ses alentours sont hé-
rissés de blocs erratiques. Autrefois il dépendait de la
forêt de Lamballe ou de Maroué.

Le monument dont il s'agit, consiste en une grotte de
10 mètres de longueur ; sur 1 m. 40 c. de largeur, et à
peu près autant de hauteur. Elle est composée, comme
presque toutes les constructions du même genre, de deux
rangs parallèles de pierres plantées verticalement, supportant des tables horizontales qui forment comble. Ces masses
d'un grossier granit ont été sans doute extraites d'un rocher
considérable que l'on aperçoit sur la crête de la montagne,
à dix minutes de marche du point où elles sont actuelle-
ment.

On compte de chaque côté de l'allée 7 pierres debout,
enfoncées d'environ 20 centimètres en terre, épaisses de

70 cent. et larges approximativement d'un mètre 30 cent. Nous donnons ici le terme moyen des dimensions , vu que ces pièces ne sont pas exactement égales ; mais toutes sont un peu plus étroites au sommet qu'à la base , ce qui produit entre deux supports consécutifs un vide , qui devait laisser du jour à la grotte. Ces piliers soutenaient dans le principe sept pierres plates couvrant en entier l'allée et pouvant avoir aussi en moyenne 2 m. 60 cent. de longueur, 1 m. 50 cent. de largeur et 60 cent. d'épaisseur. Le parement qui forme la voûte interne, offre une surface plane et unie , tandis que le côté opposé est tout à fait brut et accidenté de rigoles , telles à peu près qu'on en voit dans un grand nombre de dolmens. Aujourd'hui, il ne reste plus à place qu'une seule de ces tables : les autres ont été renversées, trois d'entre elles brisées même il y a quarante ans et employées à paver la rue S. Martin de Lamballe. Deux des piliers latéraux ont aussi subi le même sort , et leur absence laisse une vaste brèche à la tête de l'enceinte , du côté sud.

Le monument se déploie d'occident en orient , direction commune à la généralité des *allées couvertes*. L'extrémité vers le couchant est fermée par un gros pilier rectangulaire de la hauteur de ceux des côtés : l'extrémité orientale est ouverte, mais le passage se rétrécit un peu en cet endroit.

Depuis longtemps nous avions le projet , M. H. Sévoy et moi , de pratiquer une fouille près de ce monument, espérant y découvrir quelque objet qui pût nous révéler plus positivement sa destination primitive. Comme il s'élève sur un terrain communal , nous demandâmes d'abord , avant d'agir, l'autorisation de M. le maire de Saint-Aaron ; laquelle obtenue , nous fixâmes pour notre exploration le vendredi 14 Novembre. Nous nous rendîmes vers 9 h. du matin à la Chene-Hut , accompagnés de quatre ouvriers , munis de bêches, de pioches et de pics. De plus, cinq ecclésiastiques s'adjoignirent à l'expédition en qualité de curieux : c'étaient MM. l'abbé Puel, l'abbé Garnier (des Sourds-muets), les prêtres de Saint-Aaron et le recteur de la Poterie.

Nous commençâmes par excaver le sol vers l'entrée de la grotte, à une profondeur d'environ un demi-mètre. Cette opération n'amena aucun résultat important : nous rencontrâmes seulement un banc de terre noirâtre, qui avait assez l'apparence de cinares, et nous en prîmes un échantillon pour l'expérimenter plus tard. Après avoir fait travailler une heure et demie sans plus de succès dans la même direction, nous détachâmes deux de nos hommes avec mission d'ouvrir une nouvelle tranchée au cœur m me de l'enceinte. Un trésor nous attendait là.

En effet, à peine les deux ouvriers eurent-ils enlevé deux pierres plates, situées l'une près de l'autre presque à fleur de terre, que nous distinguâmes un casse-tête en pierre, légèrement endommagé. Puis nous découvrîmes successivement un second casse-tête de la plus belle conservation ; un petit couteau en silex, puis un autre de très-grand modèle, puis encore un plus petit fort joliment conservé, toujours en silex ; puis des fragments de trois autres, travaillés avec plus ou moins d'art ; et enfin une sorte de lancette recourbée, assez curieuse. Ajoutons à cet inventaire deux amulettes ou médaillons de caractère différent: Toutes ces choses se trouvaient entre ou sous les dalles qui pavaient le milieu de la grotte.

Permettez-nous, Messieurs, de vous décrire avec un peu plus de détails les objets précédents, que nous jugeons susceptibles d'exciter votre intérêt.

Chaque massue ou coin consiste en une pierre aplatie et lisse, appartenant à la classe des galets (cailloux de mer), d'une couleur gris-bleuâtre, de forme oblongue, usée à sa base la plus large par le frottement , de manière à figurer le biseau d'une hache et se terminant en pointe de l'autre bout. Ces deux pièces ont la même mesure : leur largeur est de 5 centimètres , leur longueur de près de 10 , leur épaisseur d'environ 1 centimètre.

En les examinant attentivement , on remarque qu'à une certaine distance du coupant , la teinte de la pierre change et tire un peu sur le blanc. Il est facile de s'apercevoir aussi qu'au même lieu , elle a été usée encore par frottement , afin d'en diminuer la convexité. Nous pensons que l'on doit reconnaître à ces signes l'endroit où l'instrument était pressé entre les parois de la verge dans laquelle probablement il était emmanché.

Quant au grand couteau , c'est une lame en silex jaune , très-transparente , recourbée légèrement dans le sens de sa longueur et taillée sous trois faces principales. Sa longueur n'a pas moins de 16 centimètres , sa largeur est de 4 , et son épaisseur, à l'arrête du milieu, d'un peu plus d'un demi-centimètre. A l'une de ses extrémités , celle de la pointe , il est évidemment rompu ; l'autre extrémité est peut-être à l'état normal , du moins rien n'indique qu'il ait été plus long de ce côté. D'autres couteaux ont conservé leur pointe. La plupart des lames sont émoussées ; cependant quelques-unes d'entre elles ont gardé leur coupant primitif et toutes sont taillées à l'instar de la grande , en prisme triangulaire fort aplati. Enfin le petit couteau recourbé dont nous avons parlé, finit en pointe acérée et semble avoir été destiné à percer des vaisseaux sanguins , à jouer le rôle de lancette ou de scalpel.

Un mot maintenant , Messieurs , sur les médaillons ou amulettes.

Tous deux sont très-barbares. L'un en ardoise de forme rectangulaire , long de 4 cent. , large de deux et demi,

épais à peine d'un demi-centimètre, est traversé vers le haut
et sur la ligne médiane par un trou oblique à son plan.
L'autre est un galet rond, de couleur jaunâtre, semé de
petites taches, ayant un axe d'un peu plus de trois centimètres, et une épaisseur d'un demi. Il est aussi perforé
des deux côtés, mais non point à jour. On distingue facilement les raies produites par l'instrument qui a été employé
à creuser cette pierre.

En nous rabattant vers l'entrée de la grotte, nous rencontrâmes à fort peu de profondeur, une urne, remplie
d'une matière terreuse assez grasse : appuyée d'un côté par
les piliers du sud, elle était de l'autre côté calée par une
grosse pierre. Vis-à-vis se trouva, dans des conditions analogues, une seconde urne appuyée contre l'un des piliers
nord. La poterie de la première est massive, inégale,
d'une argile sablonneuse, à cassure noire et brillante,
comme si elle eût été cuite au milieu de substances dont elle
eût absorbé le carbone : la poterie de la seconde est d'une
pâte encore plus grossière ; mais elle a mieux retenu la couleur naturellement rougeâtre de sa brique.

Ces urnes, qu'une humidité continuelle avait pénétrées et
rendues très-friables, ne purent être dégagées avec assez
de précaution pour être retirées saines et sauves. D'ailleurs,
elles étaient gravement endommagées par avance ; car les
fragments que nous avons exhumés n'étaient point brisés de
frais. Nous avons ramassé soigneusement ces derniers et
nous sommes à même de reconstituer d'une manière suffisante les vases dont il est cas.

Le premier figure un demi-sphéroïde aplati à son pôle. Il
devait avoir dans l'état d'intégrité 13 centimètres de hauteur et 11 de largeur à son milieu. Ce vaisseau est tout uni,
seulement il s'étrangle tout à coup vers sa partie supérieure
et se creuse d'un filet en gorge de 3 cent. de largeur.

La seconde urne est façonnée à peu près sur le même type : elle ne diffère de la première que par la moulure contiguë à la partie supérieure, moulure un peu moins évidée chez l'une que chez l'autre. Du reste, il paraît que chacune d'elles avait un dessus pour la couvrir ; ce qui engage à le présumer, c'est la disposition spéciale de certains têts arrondis et relevés du bord, comme le pourtour d'un couvercle ; et aussi la forme d'un autre fragment, surmonté d'un ornement, qui ne saurait être non plus, à notre avis, que le bouton d'un couvercle.

Pendant que le travail précédent s'exécutait, nous chargeâmes deux ouvriers de faire de nouvelles perquisitions à l'extrémité occidentale de la grotte. Une source d'eau que nous reconnûmes en pratiquant une excavation, nous intrigua beaucoup, d'autant plus qu'un fermier des environs nous assura que là jadis était un puits en maçonne, lequel un des anciens de la paroisse avait même autrefois aidé à combler. L'existence d'un puits dans une telle situation, à un demi-kilomètre de toute demeure, nous semblait très-extraordinaire, et nous avions peine à y croire. Curieux néanmoins d'éclaircir la chose, nous résolûmes de pousser jusqu'au bout le déblai commencé. A la profondeur d'un mètre et demi, les ouvriers atteignirent le solide. Il nous fut alors démontré qu'il n'avait point existé de puits maçonné en cet endroit; que tout au plus, il y avait eu peut-être une fontaine alimentée par la source que nous avions observée. Cette fontaine faisait-elle originairement partie de l'édifice, ou bien s'y est-elle établie ultérieurement ? C'est ce que nous n'avons pu constater.

Après avoir fouillé l'intérieur de la grotte, nous sondâmes à plusieurs reprises différentes le terrain extérieur, espérant découvrir des ossements humains; suivant la tradition du pays, qui place un cimetière dans ces parages;

mais les recherches furent infructueuses. Là se bornèrent nos travaux d'investigation.

Pour compléter l'étude que nous avions entreprise, il nous restait, Messieurs, à examiner plusieurs questions relatives au monument dont nous avons l'honneur de vous entretenir : voici quelques-unes de celles que nous nous posâmes.

1º Cette grotte a-t-elle une haute antiquité ?

2º Pourrait-on assigner une étymologie celtique au mot *Chene-Hut*, sous lequel on comprend notre monument ?

3º Les cendres trouvées dans les urnes proviennent-elles de l'incinération de matières animales ?

4º Enfin, quelle a été la destination primitive de cette grotte ?

Nous allons reprendre une à une ces questions et indiquer rapidement la manière dont nous avons tâché d'y répondre.

1º Il est à noter que notre enquête ne nous a fait arriver à la découverte d'aucune espèce de monnaie ni de métaux. Nous avons bien, il est vrai, rencontré deux morceaux de fer rongés d'oxide, que nous soupçonnons avoir été des clous ; et un tout petit morceau de potin, vraisemblablement sorti d'une marmite. Mais il ne nous est pas prouvé que ces parcelles aient appartenu à l'époque druidique. Car d'abord, le monument, depuis des siècles, est le rendez-vous des pâtres du voisinage, qui ont pu, à la rigueur, y apporter ces objets. Disons ensuite qu'une ferrure de charrette eut lieu tout près de l'enceinte, il y a quelques années, et put également occasionner le dépôt des vestiges de fer mentionnés. L'absence de métaux, ainsi que le style barbare des amulettes, nous induirait à penser que la date de cette grotte est des plus reculée.

2º L'accentuation si étrange du mot *Chene-Hut* nous ayant paru trahir une origine celtique, nous avons demandé l'étymologie de ce mot au dictionnaire du savant Dom Pelletier. *Chene-Hut* ne pourrait-il pas dériver de l'expression bretonne *Keunut*, qui signifie *bois à brûler?* Le monument eût été bâti dans un endroit de la forêt où l'on s'approvisionnait de bois de chauffage, et aurait pris le nom de son emplacement.

3° Afin de déterminer la matière que renfermaient les urnes, nous avons appelé la science à notre secours, et prié M. Marie-Ange Droguet, chimiste habile, ancien préparateur de M. Orfila, de vouloir bien procéder à l'analyse de cette matière. Pour ne pas interrompre notre discussion, nous ne donnerons pas ici les détails de l'opération intéressante dont nous avons été témoins ; nous la renverrons à la fin de la présente notice. Qu'il nous suffise de déclarer que les cendres expérimentées ont été reconnues contenir du phosphate calcaire, et partant être le produit de l'incinération de débris animaux. Enfin la terre noirâtre extraite au commencement de la fouille, soumise aux mêmes réactifs, n'a accusé aucune trace de charbon ni de chaux ; elle se compose uniquement d'oxide de fer, de manganèse et d'alumine.

4° Avant de passer outre, il ne serait pas hors de propos de comparer les objets provenant de notre fouille, à ceux qu'a fournis semblable exploration dans les édifices du même genre. On verrait si les résultats se rapportent, et quelles conséquences seraient à tirer de ce rapprochement ; eu égard au but essentiel de ces grottes. Malheureusement le peu de documents dont nous pouvons disposer, ne nous permet pas de traiter à fond le sujet actuel. Cependant nous citerons les recherches effectuées au monument d'*Axwalla* dans la province de *Westro-Gothie*, en Suède ; et nous emprunterons le passage suivant aux Annales des Voyages par Malte-Brun, tom. 9, pag. 361. Après avoir décrit la grotte et parlé de l'arrangement des nombreux squelettes que l'on y découvrit, l'auteur continue ainsi :

« A côté des squelettes, on trouva divers instruments
» et ornements, savoir : un grand et un petit couteau, à
» pointe droite, en pierre à fusil noirâtre ; les morceaux
» d'un autre couteau à pointe courbée comme une faucille,
» en pierre à fusil jaune-gris ; diverses pointes de lances
» de la même matière ;............ enfin, deux morceaux
» d'ambre jaune, dont l'un représente une perle percée
» d'un trou. »

Voilà bien, Messieurs, nos couteaux et nos amulettes. Nous n'avons pas de squelettes, à la vérité, mais nous avons deux urnes renfermant des cendres animales, et les deux cas sont parfaitement analogues, puisqu'ils offrent tous deux des débris humains. La différence qu'on observe, quant au mode de ces débris, doit être attribuée sans doute à la variété des usages relatifs aux funérailles chez les divers peuples celtiques ; les uns brûlant leurs morts, les autres se bornant à les enterrer.

Essayons maintenant, Messieurs, d'émettre un avis sur la destination primordiale du monument qui nous occupe. On a fait plusieurs hypothèses à l'effet de résoudre le problème. D'après la première, ces sortes d'édifices servaient d'habitation aux Druides ; selon la seconde, ils étaient de simples autels d'oblation ; une troisième enfin les considère comme des tombeaux où l'on déposait les dépouilles de personnages illustres.

Nous rejetterons tout d'abord la première hypothèse, parce qu'il ne nous paraît guère possible d'approprier à un usage domestique des coffres si bas d'étage, et tellement exposés à l'intempérie des saisons.

Ce qui pourrait étayer la seconde opinion et la rendre plus vraisemblable, c'est la présence des instruments du sacrifice, trouvés sous les dalles des grottes, ainsi que les rigoles qui sillonnent la surface extérieure des tables horizontales, et qui accompagnent ordinairement les dolmens. Toutefois, si ces monuments ne sont que des autels, comment expliquer l'inhumation spéciale et solennelle accordée aux individus gisant sous leur sol ? Dans ces squelettes entiers découverts dans la Scandinavie, dans ces cendres funéraires de la Chene-Hut, on ne peut voir des débris humains jetés au hasard comme dans un ossuaire, ayant appartenu indifféremment à quelques-unes des innombrables victimes dont le sang aurait rougi les pierres consacrées. Il y a eu là évidemment sépulture distincte, expresse, intelligente, décernée à des personnages choisis que l'on voulait honorer.

La troisième hypothèse est à notre sentiment la plus rationnelle, et celle qui satisfait le mieux à toutes les exigences. Elle se réduit à prétendre que ces monuments sont des tombeaux réservés aux puissants de l'époque. La présence des couteaux et des massues s'explique aisément dans ce système, lorsqu'on vient à songer que la coutume était alors d'enterrer avec les défunts, les effets qui leur avaient été le plus chers, et par conséquent les insignes de leur profession ou de leur dignité. Or, les objets découverts à la Chene-Hut étant les attributs des prêtres celtiques, on peut en inférer que notre grotte est un tombeau de Druides. Si cependant on ne voulait voir dans le casse-tête que l'arme caractéristique des guerriers, il faudrait en conclure que les deux urnes contiendraient, l'une les cendres d'un chef, l'autre celles d'un pontife. D'ailleurs, l'hypothèse qui considère les grottes comme des lieux de sépulture, ne serait pas absolument inconciliable avec celle qui en fait des autels, car on sait que les anciens sacrifiaient sur des tombeaux.

Tel est , Messieurs , l'exposé de notre fouille , de ses résultats et des conséquences que nous avons cru pouvoir en déduire. Nous n'abuserons pas plus longtemps de votre complaisance à nous écouter : cependant nous estimerions incomplet ce rapport, s'il ne vous faisait connaître les principales manipulations au moyen desquels on est parvenu à décomposer la terre des urnes. En finissant , nous vous demanderons la permission, Messieurs , de vous lire le résumé de cette analyse , tel qu'il nous a été dicté par M. Droguet.

COMPTE RENDU

de l'analyse des terres contenues au fond des urnes.

Quatre grammes deux centigrammes de ces terres , desséchées préalablement , ont été traités à chaud par l'acide hydrochlorique pur. Après 10 minutes d'ébullition , on a ajouté environ un décilitre d'eau distillée. La liqueur a été filtrée, et il est resté sur le filtre une terre absolument couleur de cendre, qui paraît n'être qu'une argile mêlée de sable. Le liquide filtré a ensuite été traité par l'ammoniac pur , afin d'en séparer les matières précipitables par ce réactif; lesquelles ont été dissoutes de nouveau dans l'acide hydrochlorique. Elles n'étaient formées que d'oxide de fer, en grande partie et d'un peu d'alumine. La présence de l'oxide de fer surtout y est démontrée par les réactifs suivants : l'ammoniac a donné un précipité blancrougeâtre ; l'hydrocyanate ferruré de potasse, un précipité bleu-foncé; la noix de Galle, un précipité violet-noirâtre ; enfin , l'hydrosulfate d'ammoniac, un précipité noir trèsfoncé. Une lame de zinc décapée a conservé son brillant dans le sel de fer ; ce qui prouve que la terre en question ne renferme pas de métaux appartenant aux métaux de la 4e , 5e et 6e section.

Après cette opération, le liquide qui a passé au filtre, a été traité par l'oxalate d'ammoniac; un léger précipité d'oxalate de chaux n'a pas tardé à paraître. Ce résultat indiquait évidemment la présence de la chaux.

Restait à savoir à quelle acide cette chaux se trouvait combinée. Ce n'était pas à l'acide carbonique; car la liqueur traitée par l'acide hydrochlorique n'a pas fait effervescence. Ce ne pouvait être aussi à l'acide sulfurique, parce que le liquide traité par l'eau de baryte a donné un précipité blanc, soluble dans l'acide nitrique pur; tandis que le sulfate de baryte, si la liqueur avait contenu de l'acide sulfurique libre ou combiné, eût été insoluble dans l'acide nitrique. On a été obligé d'admettre que la chaux était combinée à de l'acide phosphorique, attendu que le liquide traité par le nitrate d'argent a fourni un abondant précipité de chlorure et de phosphate d'argent : ce dernier seul est resté insoluble dans l'ammoniac.

On doit conclure de la présence du phosphate de chaux, que les urnes contenaient certainement des cendres provenant d'incinération de débris animaux.

ANALYSE DE LA TERRE NOIRE,

recueillie à l'entrée du monument.

La terre noire offrant l'aspect de débris carbonisés, soumise aux mêmes réactifs que la précédente, n'a point donné les résultats qu'on en attendait; c'est-à-dire qu'on n'a pu y constater ni la présence du charbon, ni la présence de cendres animales. C'était tout simplement de la terre, composée d'une grande partie d'oxide de fer, d'alumine et de manganèse.

F. MARSOUIN, P^{tre}, et H. SÉVOY.

Ce remarquable mémoire est écouté avec le plus grand intérêt.

La société adresse ses remercîments à M. Marsouin et vote l'impression à l'unanimité.

M. Geslin de Bourgogne, Correspondant de M. le Ministre de l'instruction publique pour les travaux historiques et chargé en cette qualité par M. le Préfet, de diriger des fouilles à Péran, rend compte du résultat de ces fouilles et donne à l'assemblée lecture du mémoire suivant :

Note sur l'enceinte de Péran.

Au commencement de novembre 1845, M. le préfet des Côtes-du-Nord, dont l'attention avait été appelée sur l'enceinte de Péran par M. Ch. Le Normand, membre de l'académie des inscriptions, me chargea d'y pratiquer des fouilles. De son côté, M. le maire de Saint-Brieuc voulut bien, avec une bonne grâce parfaite, mettre à ma disposition les ouvriers et les outils de l'atelier de la ville.

En conséquence, le 5 novembre, je me rendis sur les lieux avec M. Saullay de l'Aistre, président de la Société archéologique des Côtes-du-Nord, et M. Aug. Bourel-Roncière, membre de cette Société.

Péran (1) est un hameau de la commune de Plédran, situé à environ 19 kilomètres au midi de Saint-Brieuc. L'enceinte dont il est ici question est assise près de la croupe d'un plateau élevé qui domine la petite rivière de l'Urne. Cette enceinte forme une ellipse assez régulière dont le grand axe est de 134 mètres et le petit de 110 mètres. Elle se compose de deux enceintes concentriques et contiguës, formées chacune d'un parapet et d'un fossé ; je crois même,

---

(1) *Péran* ou *Pérann*, dans le dialecte de Vannes, veut dire *quart, quarteron, quartier*. (Le Gonidec.)

sans en être certain, que le fossé extérieur était couvert par
un troisième fossé. Une moitié de ce monument est encore
à peu près intacte ; l'autre moitié , plus ou moins dégradée,
est encore néanmoins visible sur le sol , sauf une portion de
l'enceinte extérieure , au midi , qui a disparu pour donner
passage à un chemin. J'ai indiqué sur le plan la partie en-
dommagée par des lignes ponctuées. — Plusieurs ouvertures coupent aujourd'hui l'enceinte , et deux d'entre elles
donnent passage aux charrettes. Mais il est évident (et ceci
m'a été confirmé par un vieux paysan dont la vie entière s'est
passée dans la ferme qui , jusqu'à ces dernières années,
était établie dans l'enceinte même), il est évident , dis-je ,
que ces ouvertures sont modernes ; celle qui se trouve au
midi , seule , est primitive; elle est cotée *m* sur le plan.
Elle est opposée à une voie romaine qui passe à environ
3oo mètres , au nord. Cette voie est celle de Rhæginéa
(Erquy) à Ker-Ahès (Carhaix); elle porte encore le nom de
chemin *Ohé* ou *Ohès*, corruption manifeste de *Ahès*. —
L'*enceinte de Péran*, ou *camp de Péran*, ou les *pierres brú-
lées* (telles sont les diverses dénominations que ce lieu porte
dans le pays) appartiennent à divers propriétaires, au
nombre desquels sont MM. Rioust de l'Argentaye , membre
du conseil général et de la société archéologique des Côtes-
du-Nord, et M. Espivent de la Ville-Boisnet, conseiller à la
cour royale de Paris. Tous se sont prêtés avec le plus gracieux empressement à autoriser les fouilles. — L'intérieur
du camp est cultivé , et les parapets sont ou ont été plantés.
Les hommes âgés assurent qu'ils ont vu abattre sur ces
pierres brûlées des chênes et des châtaigniers de taille co-
lossale et qui tombaient de vieillesse. Quelques chaumières
dont une seule habitée, et les restes d'un petit manoir,
peu ancien, qui a servi de métairie , sont les seules traces
d'habitation qu'on y retrouve.

Après avoir pris connaissance des lieux, notre premier soin, en y arrivant, fut de recueillir tout ce que la tradition locale a conservé relativement à ces restes d'une époque fort reculée, et aux objets qu'on a pu y découvrir. Mais ici, comme dans tout ce pays, la tradition est presque muette ; seulement on parle des Romains, des *moines rouges* (Templiers), et d'un château fort au moyen-âge. Des paysans se vantent d'y avoir trouvé des boules d'argent, des batteries de cuisine en argent, etc. ; ils assurent ici, comme auprès de presque toutes les ruines, qu'une charrette n'en peut sortir sans passer sur une tonne d'or ; ce qui n'empêcha pas un vieillard de nous avertir charitablement que son père et lui avaient vu déjà bien des chercheurs de trésor, y *manger jusqu'à leur dernière chemise*. Le fait est qu'une partie de l'enceinte à l'est a été bouleversée, sans qu'on sache positivement si quelque chose d'intéressant y a été trouvé. On sait seulement que, plusieurs années avant la révolution, divers ustensils de cuisine, d'une forme ancienne, furent tirés de terre vers le centre du camp et vendus ou donnés au curé de Plédran, qui les utilisait encore, il n'y a pas fort longtemps. M. Rioust de l'Argentaye, assisté de M. le colonel Penhouet et de M. Le Court de La Ville-Thassetz, alors substitut du procureur du roi, a fait aussi quelques fouilles dont les résultats n'ont point malheureusement été rendus publics.

Ces préliminaires terminés, nous recherchâmes les points qui semblaient promettre le plus d'intérêt à nos investigations. Nous convînmes que deux ateliers travailleraient simultanément : l'un, suivant la ligne B D (1), devait traverser le prétendu emplacement de l'ancien château ; l'autre, suivant A C, devait couper la partie la mieux con-

___

(1) Voir le plan.

servée de l'enceinte, de manière à y faire le moins de mal possible. Examinons successivement le résultat de ces deux tranchées.

La première, B D, est parvenue, à travers une couche de décombres assez épaisse, mais sans trouver aucune maçonnerie ni rien d'intéressant, jusqu'au parapet. Là on voyait les restes d'une ouverture comblée depuis peu d'années. Un vieillard nous assura y avoir pénétré dans son enfance; mais il n'avait pu aller loin; il soupçonnait que le diable lui-même l'en avait mis dehors. Bientôt nos travailleurs mirent à découvert une voûte en cul de four, grossièrement construite avec des pierres assez volumineuses que liaient entre elles une sorte de lave. Toutes les pierres avaient subi l'action du feu, mais à des degrés bien différents : les unes étaient à peine atteintes, tandis que d'autres étaient calcinées, d'autres à moitié fondues. Presque tous les granits étaient à l'état de pierre-ponce, très-poreux et fort légers ; ils ne pénétraient guère dans la masse du parapet dont le noyau ne contenait que des quartz et des grès, et autres pierres dures. L'action du feu semblait avoir été plus violente vers le centre, et cependant les vitrifications semblaient avoir coulé des parties supérieures, ce qui nous paraissait difficile à concilier. Ces vitrifications couraient le long des pierres qu'elles enveloppaient souvent, et pendaient en forme de stalactites dans les interstices.

Toute cette étrange construction, qui décelait déjà un coup de feu énorme, reposait sur une couche de terre brûlée et de cendre qui recouvrait des assises de o, 40 à o, 60 d'élévation, lesquelles n'avaient point été altérées par la chaleur. Sous ces assises elles-mêmes et attenant au sol naturel, on voyait une couche de charbon et de cendre de o, 33 d'épaisseur qui annonçait là un incendie plus ancien que celui du parapet. — La voûte avait à sa base 2^m 90 de

corde

corde, sur 1 ^{m} 10 de flèche et 1 ^{m} 25 d'élévation. Elle était entièrement comblée par des pierres dont une partie seulement était brûlée. Après un examen attentif de cette voûte, nous n'oserions pas affirmer qu'elle ait existé tout d'abord dans le parapet avec ses dimensions actuelles ; elle a pu s'agrandir, quelques blocs ont pu se détacher par l'action du temps ou tout autre motif ; mais, néanmoins, la disposition des matériaux, sans être parfaitement régulière, est telle que nous ne doutons pas qu'en construisant le parapet, on ait ménagé là un vide dont la forme et les dimensions s'approchaient beaucoup de celui que je viens de décrire. Au reste, ce qui rend ce point, comme tous les autres du monument, fort difficile à déchiffrer, c'est qu'il s'y est produit un affaissement inégal, soit par l'effort des siècles, soit par l'action du feu, soit par ces deux causes réunies. — Avant de passer à l'examen des résultats fournis par le second atelier, je dois consigner ici une observation qui me semble importante ; je crois qu'elle s'applique à toutes les parties de la masse pierreuse formant le parapet intérieur : les matériaux, sans être disposés d'une façon régulière, ne sont point non plus entassés pêle-mêle. Non-seulement, ainsi que je l'ai déjà fait remarquer, les pierres offrant peu de résistance à l'action du feu, telles que les granits, ne se trouvent guère qu'à l'extérieur, tandis que les pierres très-dures, telles que les quartz et grès, sont réservées pour former le noyau ; mais, de plus, il est manifeste que partout où la lave ne joint pas les pierres, elles sont disposées de manière à conserver le plus d'écartement possible entre elles, comme si l'on avait voulu faire pénétrer partout l'action du calorique. N'est-ce pas là une première indication qui éloigne la pensée d'un incendie accidentel ?

Voyons maintenant ce qu'a fourni la tranchée ouverte dans toute l'épaisseur de la double enceinte, suivant la ligne A C. Cette tranchée a été ouverte sur une largeur d'environ 2^m, à 5^m en arrière du talus intérieur du parapet. Les premiers coups de pioche ont mis à découvert une couche de décombres de 0, 50 à 0, 60 de profondeur, sur 4 à 5 ^m de largeur. Là, sur un lit de charbon et de cendre, se trouvaient entassées des pierres que le feu n'avait point altérées, des tuiles dont plusieurs étaient couvertes sur l'une des faces d'un vernis noirâtre, de fragments de briques à collet qui ne laissaient aucun doute sur leur origine romaine (1). Bientôt, du reste, et comme pour lever toute incertitude, nous tombâmes sur une médaille que je décrirai tout à l'heure. Ces décombres s'étendaient jusqu'au pied du parapet où s'arrêtait tout à coup toute trace de tuiles, de briques, et où commençaient les pierres brûlées.

Ce talus, peu résistant à la pioche, était à peine recouvert d'une mince couche de terre. Il était composé d'abord de granit, devenu pierre-ponce; puis de quartz et de grès unis par cette sorte de lave dont j'ai parlé plus haut, le tout reposant sur des assises peu considérables, posées sur le sol. La base était de 3^m 30 sur 3^m 10 de hauteur.

Après avoir traversé ce talus, nous attaquâmes le noyau du parapet ; mais alors la résistance devint de plus en plus considérable, surtout vers la gauche. Le granit avait disparu, et les quartz, en partie fondus, n'apparaissaient plus qu'en petits fragments, au milieu des massifs de matières vitrifiées qu'on ne parvenait à détacher qu'avec des efforts souvent considérables. Les sco-

---

(1) La brique, abandonnée dans ce pays depuis la domination romaine, commence à s'y construire de nouveau. Le granit gris de Gouëdic, qui est une des principales richesses de notre sol, oublié depuis que la brique romaine l'avait détrôné, a paru une découverte, au commencement du siècle dernier. Je ne connais pas de monument du moyen-âge qui offre le granit actuel de Saint-Brieuc, lequel se trouve en abondance à Péran.

ries étaient aussi plus nombreuses, plus volumineuses, plus
tourmentées que dans la fouille précédemment décrite.
Nous approchions manifestement d'un foyer central, mais
sans rencontrer aucun conduit qui pût y aboutir. Seulement, nous remarquions des écartements irréguliers entre
les pierres, là où les vitrifications n'avaient pas tout ob-
strués. Ces écartements formaient des petites ouvertures,
souvent assez profondes.

A 1^m 30 au-dessus du sol, nous trouvâmes une voûte
complètement vitrifiée, et régnant dans toute la largeur de
la tranchée. J'ai fait conserver une partie de cette voûte,
qui est fort solide, et qui sert d'arc-boutant aux deux joues
de la coupe. A 0^m 22 plus profond, nous trouvâmes sur la
gauche une couche de 0^m 33 de cendre et de charbon, puis
au-dessous un rang d'assises de 0, 75 de hauteur, alignées
avec soin. En pénétrant à gauche dans la masse du parapet,
le travail devenait très-lent et très-pénible ; mais nous découvrîmes une seconde voûte, à peu près à la même profondeur que la première et que nous jugeâmes, par son
rapprochement de la cendre et du charbon, avoir été le
fourneau qui avait agi sur cette partie. A mesure que nous
nous en éloignions, en effet, les pierres étaient de moins en
moins altérées par le feu, et aussi de moins en moins soli-
dement liées entre elles. Enfin, à 3^m sur notre droite, les
pierres étaient intactes et les scories avaient disparu. Mais,
presque aussitôt après, en gagnant toujours de ce côté, les
scories commencèrent de nouveau à se montrer ; de sorte
qu'il devint évident pour nous que nous étions tombés
entre deux foyers, dont les deux actions étaient bien près
de se confondre.

Quant à la petite voûte placée entre les deux foyers,
mais beaucoup plus voisine du foyer de gauche, comme elle
reposait sur deux rangs de hautes assises alignées, lesquels

rangs étaient espacés d'environ o , 5o , nous en conclûmes qu'elle recouvrait un canal , ménagé pour l'écoulement des eaux du camp. — Nous aurions bien voulu déterminer exactement la forme et les dimensions des deux foyers, ainsi que leur écartement ; mais ceci nous aurait demandé encore plusieurs jours de travail. Déjà nous avions eu à subir quatre journées d'une température affreuse ; nulle amélioration ne s'annonçait dans l'état de l'atmosphère ; ma mauvaise santé me força à suspendre les travaux.

Après avoir traversé ce noyau de pierres brûlées de 4 ^{m} d'épaisseur , nous avons vu qu'il s'arrêtait brusquement à un talus de terre argileuse , ayant 5 ^{m} 8o de base sur 3 ^{m} 10 d'élévation. Au pied de ce talus et à o ^{m} 33 environ au-dessous du sol était le fond du fossé actuel ; mais , en le fouillant , nous avons trouvé le fond d'un ancien fossé à 1 ^{m} 4o au-dessous. Au-delà de ce fossé, le parapet extérieur a été également coupé par nous, et n'a offert que des terres provenant des déblais du fossé qui le précède du côté de la campagne. Les deux fossés ne portent aucune trace de revêtement ; par conséquent, il est à peu près impossible d'avoir une idée exacte de leurs dimensions primitives.. Tout ce que je puis dire , c'est que le fossé extérieur a aujourd'hui une profondeur de 1 ^{m} 10 , et que le fond de l'un et de l'autre est de 1 ^{m} de largeur. Ces fonds sont formés d'une couche de terre glaise imperméable , qui y conserve encore l'eau une grande partie de l'année. J'ai pu suivre , pendant quelque temps , les vestiges de l'un des deux canaux qui , au rapport de la tradition , alimentaient ces fossés ; mais je n'ai pu trouver les traces de l'autre..

Ainsi , nous avions percé de part en part les deux enceintes par une tranchée qui n'avait guère moins de 3o ^{m} de développement. Dans ce long trajet, nous n'avons rien trouvé qui démentît les caractères généraux de la fouille

B D. Sur les deux points, les pierres sont disposées sur des assises, de manière à laisser entre elles beaucoup d'écartement; l'état de ces pierres, le degré de leur décomposition prouvent non moins clairement que les charbons et les cendres, l'action d'un feu intérieur, violent et prolongé. (La tradition dit que *le feu y fut entretenu pendant sept ans*). La seule différence notable est que, aux abords du foyer le plus voisin de la seconde tranchée, la force de cohésion du noyau est beaucoup plus considérable ; et que les petites voûtes de ces parties sont complètement vitrifiées, tandis que dans la voûte plus considérable de la coupe B D, les pierres sont simplement liées entre elles par des vitrifications, mais sans être très-altérées. Au reste, sur les deux points, un affaissement général paraît s'être produit, ce qui détruit à chaque instant l'ensemble de la construction et déroute l'explorateur. — Je dois ajouter que, sur deux autres points, nous avons pénétré dans la masse pierreuse sans rien trouver qui méritât d'être ajouté à ce qui précède.

Passons maintenant à l'examen du petit nombre d'objets trouvés.

Dans la partie qui ne porte nulle trace des Romains, nous avons découvert, entre le noyau pierreux et le recouvrement en terre du parapet intérieur, sur le sol même, un fragment de poterie, sans nulle trace de vernis ni peut-être même de cuisson. C'était la partie supérieure d'un vase bombé, encore orné de deux moulures entre lesquelles se déroule une sorte de méandre ; son épaisseur est de o, o1. La position seule de ce débris annonce bien certainement qu'il est là depuis la construction du monument; et, sous ce rapport, il nous a paru fort intéressant.

Ayant appris qu'une quantité assez considérable de blé avait été trouvée par un paysan occupé à chercher de la pierre à bâtir, dans le parapet, nous y avons fait fouiller sur ce point. Mais tout y était bouleversé au point que nous n'avons pu reconnaître la forme du vide où ce blé avait été déposé. Nous en avons néanmoins retirés quelques grains tous calcinés. Nous avons reconnu sans peine du froment, mais réduit à des dimensions presque microscopiques, la longueur des grains intacts n'excédant pas o ^{m} oo4. Est-ce l'effet naturel du temps et de la chaleur, ou l'état normal de ce produit d'un autre âge ? C'est ce qu'il me paraît difficile de décider.

A l'intérieur du parapet, à la naissance des grandes assises alignées dont j'ai précédemment parlé, il a été trouvé sur le sol deux fragments d'une brique à collet de très-grande dimension. Par sa dureté et ses proportions, comme par le grain qui la compose, elle diffère des fragments de briques trouvés à l'intérieur du camp, et elle n'a pu servir à une couverture. Le collet a 3, o4 de hauteur sur o, o3 d'épaisseur. Rien de semblable n'entre dans la construction du parapet, ce qui nous a confirmé de plus en plus dans la pensée qu'il y avait eu sur ce point un conduit d'écoulement où ces fragments ont dû être entraînés.

J'arrive enfin à la médaille trouvée à l'intérieur de l'enceinte. Cette médaille, en cuivre, a o ^{m} o28 de diamètre ; les bords portent des bavures qui indiquent qu'elle n'a point été mise en circulation. Une face est informe, et l'autre assez mal venue. Cette médaille, que je ne connaissais pas, m'a quelque temps embarrassé. Mais, MM. Rioust de l'Argentaye et Anatole Barthélemy, secrétaire-général de la préfecture, ont levé tous mes doutes. L'un et l'autre la possèdent ; c'est un Germanicus. Je pense, avec M. Moët de la Forte-Maison, que ce doit être une épreuve de rebut, *coulée* sur le lieu même par de faux-monnayeurs.

Je ne dois pas omettre de dire que le charbon qui a été trouvé sur les différents points de la fouille est inégalement consumé. Souvent nous avons pu constater l'essence du bois dont il était provenu; nous n'avons trouvé que du chêne et du châtaignier. Aujourd'hui, la partie intacte du parapet est plantée de hêtres qui, pour la plupart, semblent avoir poussé naturellement.

Les notes, que je rédige ici à la hâte, sont dues aux observations attentives de trois personnes que la société archéologique des Côtes-du-Nord sait depuis longtemps apprécier. Qu'il me soit permis de payer ici un tribut de reconnaissance à notre cher président, M. Saullay de l'Aistre, à M. l'abbé Prud'homme, chanoine-honoraire et trésorier de notre société, ainsi qu'à M. Aug. Bourel-Roncière. Tous trois se sont transportés avec nous sur les lieux; ce dernier n'a pas même voulu quitter un instant les travaux, malgré la rigoureuse température que nous avons eu à subir. C'est à leur habile concours qu'est due la direction donnée aux travaux; c'est grâce à eux que nous avons obtenu, dans fort peu de temps, dans une saison défavorable, à très-peu de frais, sans porter nulle atteinte à la physionomie du monument, sans aucun précédent qui pût nous venir en aide, c'est grâce à eux, dis-je, que nous avons obtenu des résultats qui ne me semblent pas dénués d'intérêt.

Après avoir décrit chaque partie de l'enceinte, telle que nous l'avons observée, mes collègues et moi, avec soin et sans idée préconçue, je ne croirais pas ma tâche achevée, si je n'essayais de poser ici quelques-unes des questions qui se présentent comme conclusion naturelle de ces recherches.

1° Ces pierres ont-elles été brûlées sur place, ou ont-elles été réunies après avoir subi, par une cause quelconque, l'action du feu? — La façon dont ces pierres sont liées entre elles, dont elles ont été altérées, selon leur distance des foyers, prouve, à première vue, qu'elles ont été soumises à l'action du feu depuis la construction du parapet.

2° L'incendie a-t-il eu pour effet ou du moins pour but la destruction du monument? — Cette question est plus difficile à résoudre que la précédente. Cependant, je ne doute pas que l'incendie principal, celui qui a si fortement agi sur le parapet intérieur, a eu pour objet, non la destruction, mais au contraire l'érection du monument. Voici sur quoi repose ma conviction à cet égard. D'abord, si on avait pris tant de peine pour détruire cette enceinte, comment serait-elle encore si bien conservée, après tant de siècles ; il est évident que les mutilations qu'elle a subies ne datent pas de fort loin. Ensuite, si on avait voulu la détruire par le feu, comment ce feu disposé à l'intérieur n'aurait-il eu d'autre effet que de consolider de plus en plus les parties les plus directement soumises à l'agent destructeur. Je regarde donc comme certain que les pierres ont été disposées pour recevoir un coup de feu violent, comme leur écartement l'indique ; que ni la chaux ni les ciments n'étant connus, on n'ignorait pas la facilité des schistes à se fondre et à former une vitrification qui forme un excellent ciment ; peut-être même savait-on que les quartz se vitrifient assez facilement dès qu'ils se trouvent mêlés à la cendre ; c'est ce que semblerait indiquer le grand nombre de ces pierres qui se trouvent aux abords des foyers.

Ainsi donc, les pierres dures disposées, selon leur degré de résistance au feu, ont été mêlées, me semble-t-il, de schistes d'autant plus multipliés qu'il s'agissait d'obtenir plus de solidité. Des fourneaux ont dû être placés de distance en distance, à l'intérieur, de manière à soumettre toute la masse pierreuse à l'action de la chaleur ; le dessus du parapet a peut-être même été couvert de bois, et le feu entretenu au-dedans et au-dehors jusqu'à la fusion des schistes et la consolidation du noyau (1).

(1) Des schistes, soumis à l'action d'un four à chaux, nous ont donné des scories semblables.

: 3° Est-ce un camp romain, comme on le pense généralement dans le pays? — Non, évidemment; car, indépendamment de ce que les substructions que j'ai décrites n'ont aucun rapport avec les constructions romaines, les formes extérieures ne ressemblent en rien à un camp romain. Tout le monde sait que la castramétation romaine était régulière; qu'elle n'admettait qu'une enceinte rectangulaire, tandis qu'il s'agit ici d'une enceinte au moins double et elliptique.

Il est vrai que, dans cette enceinte, voisine d'une voie romaine, on trouve des traces du passage des Romains; mais il est certain aussi que ces traces ne s'aperçoivent ni dans les formes, ni dans les constructions des deux fossés et des deux parapets. Ces débris, ceux du moins que nous avons pu constater jusqu'ici, sont peu considérables; ils gisent parmi des cendres et du charbon qu'on ne peut confondre avec les produits du feu qui a donné les vitrifications.

De sorte que ce qui me semble très-probable, sinon certain, c'est que le monument est *celtique*; qu'il a été établi dans une clairière ouverte par le feu dans une de ces forêts qui couvraient notre sol (c'est ce qui me semble expliquer la couche de cendre sous les assises); que c'était un de ces asiles à la fois militaires et sacrés où nos aïeux déposaient, en cas d'invasion, ce qu'ils avaient de plus précieux; que ce monument, élevé à l'aide du feu, a eu plus tard à subir un incendie, comme paraît l'indiquer le blé calciné, qui certes n'a pas été soumis à l'énorme chaleur des pierres dont il était entouré; que le parapet contenait, outre les foyers et les égoûts, des capacités destinées à servir de magasin, telle que la grotte B. Dans notre pays, la terre est trop humide et trop froide pour qu'on ait pu songer à lui confier les grains et autres denrées à conserver; n'aurait-on pas pratiqué dans ces vides des *silos au-dessus du sol*, silos que l'action du feu serait venue mettre à l'abri de toute humidité.

Soit que ce réduit ait été abandonné avant les Romains ou qu'ils s'en soient emparés, il me semble vraisemblable qu'ils n'y ont jamais eu d'établissement militaire. Rien, du moins, n'indique qu'ils aient touché à la fortification, et les débris, jusqu'ici trouvés dans l'enceinte, ne semblent pas accuser un vaste établissement.

Le travail opéré jusqu'ici me paraît offrir des éléments précieux sur l'ensemble d'une construction unique dans son genre. Je dis unique, car si elle se rattache par son caractère général de vitrification, aux *châteaux de verre* de l'Ecosse et au château de Sainte-Suzanne, elle en diffère essentiellement, du moins d'après les descriptions que j'en ai lues. Ainsi là, dit-on, il s'agit de murs de verre, ou tout au moins de vitrifications où ont été jetées des pierres qui s'y sont en grande partie fondues. Ici, je crois bien établi que le feu n'a été employé que pour lier un massif de pierres déjà formé et recouvert à l'extérieur d'une masse de terre ; c'est-à-dire l'inverse de nos fortifications modernes qui revêtent de pierres les massifs de terre. Ici encore, une seconde enceinte, en terre seulement, recouvre immédiatement la partie vitrifiée ; et cette partie vitrifiée n'a jamais été à coup-sûr une muraille, comme dans les châteaux d'Ecosse et de Sainte-Suzanne, mais un grand parapet à talus intérieur, servant probablement de magasin. Je n'ai reconnu non plus dans les environs, aucune trace d'ouvrages avancés; et à l'intérieur, je n'ai vu qu'un puits, placé à l'un des foyers de l'ellipse. De sorte que, s'il est vrai, comme je n'en doute pas, que l'enceinte de Péran se rattache à la grande famille des monuments galliques où le feu a été employé comme agent de construction, c'est un genre complètement nouveau, en ce sens que jusqu'ici il n'en a pas été, à ma connaissance, décrit de semblables.

Au reste, je suis loin de prétendre connaître déjà tous les

secrets de cette mystérieuse fortification. Bien des problè-
mes restent encore à éclaircir : ainsi quelle est la forme,
quels sont les proportions et l'écartement des foyers ?
Existe-t-il, comme nous avons tout lieu de le croire,
des magasins sous le pourtour de l'enceinte, et comment sont-ils disposés. Ce n'est pas tout : il reste à reconnaître exactement l'établissement romain ; son objet,
son étendue ? Enfin, il faut constater s'il y a là quelques
traces d'un établissement du moyen-âge, ce dont nous
n'avons pas encore rencontré de preuves non douteuses.
Nous nous proposons d'éclaircir toutes ces données dans
une prochaine exploration.

En finissant, je déposerai ici le vœu de voir l'autorité
prendre quelques mesures pour arrêter les mutilations d'un
monument si curieux. Depuis quelques années, il a eu
plus à souffrir que dans la suite de bien des siècles. Non-
seulement on a coupé, dans une portion de l'enceinte,
l'emplacement d'un chemin de servitude qui se serait tout
aussi bien placé à côté ; mais encore, chaque jour on vient
en démolir des portions considérables pour en extraire à
grand'peine les quelques pierres que le feu n'a pas endommagées. Une recommandation de l'autorité départementale
suffirait, sans doute, pour arrêter ces déprédations qui
s'exercent à l'aise, en l'absence des propriétaires. L'administration s'est réservée l'honneur de mettre au jour
ce précieux vestige d'une antiquité reculée ; elle aura sans
doute à cœur de prendre toutes les mesures propres à le
conserver.

J. GESLIN DE BOURGOGNE,

Correspondant du Comité des Monuments.

La société remercie M. Geslin de Bourgogne de cette intéressante communication ; elle vote à l'unanimité l'impression du mémoire et exprime le vœu que le plan si exact des lieux , qui s'y trouve joint , ainsi que celui du monument de Saint Aaron avec les instruments qui y ont été trouvés , soient reproduits par la planche lithographique pour figurer au présent N⁰ des Annales. Ce vœu est accueilli à l'unanimité.

M. Le Court confirme les détails qui viennent d'être donnés sur Péran.

M. Rioust de L'Argentaye les trouve aussi conformes à ses souvenirs. Au reste, il prie l'assemblée de croire que, si des dégradations, des enlèvements de pierres ont été remarqués au camp de Péran, ces dégradations ou enlèvements ne sont point de son fait et ne peuvent lui être attribués; ils ont eu lieu dans une partie de terrain dont il n'est pas propriétaire , dont se sont emparés quelques mendiants, en vertu d'un droit qu'il ignore et à laquelle se sont accolées comme des plantes parasites , de misérables cabanes, servant d'asiles à ces malheureux. Il proteste de la manière la plus formelle, et M. Le Court de La Villethassetz adhère à cette protestation , contre la prétendue découverte du camp de Péran, attribuée dernièrement par un journal de la localité à un archéologue étranger. L'un de ces Messieurs l'avait reconnu, il y a plus de vingt ans, et visité avec M. le colonel de Penhoët. Du grain réduit en charbon pareil à celui qui figure aujourd'hui sur le bureau y fut trouvé. M. Le Court avait à cette époque envoyé à l'institut des notes relatives à cette découverte.

L'assemblée prie MM. Rioust et Le Court de vouloir bien réunir leurs notes et les compléter pour en faire part à la société.

Plusieurs membres signalent un dolmen , dans la commune de Plerneuf ; la société demande à M. de Lanascole, présent à la réunion, à qui appartient le terrain sur lequel se trouve ce dolmen, la permission de l'explorer. M. de Lanascolle saisit avec empressement cette occasion d'être utile à la société archéologique, et l'autorise à y faire des fouilles quand elle le voudra.

M. le Court signale plusieurs *tumulus* dans l'arrondissement de Dinan, entre autres dans les communes de Trémerreuc, Trigavou, Plouasne, Saint-Launeuc, Créhen, Pleudihen, Languenan, Ploubalay.

M. le Court se livre ensuite à une digression fort savante sur les mottes si communes en Bretagne, et sur le droit de mottes, qu'il divise en féodales et judiciaires.

La société apprend avec un vif intérêt, que le beau cloître de Tréguier et l'intéressante chapelle St-Yves vont être mis au nombre des monuments historiques ; elle se félicite de voir ces deux monuments sous la protection du gouvernement et pour l'avenir à l'abri de tout vandalisme.

M. le Vte de Kergariou recommande à l'attention de la société l'ancienne chapelle de Notre-Dame-de-l'Ille, près Goudelin.

La société reçoit l'hommage et le don fait par M. de Garaby, de son histoire de la vie des Saints de Bretagne. Elle charge M. le Président de transmettre à M. de Garaby l'expression de sa gratitude.

M. le Court de La Villethassetz émet le vœu que l'on s'occupe de recueillir tous les mots de la langue romane, encore usités dans le pays, afin d'aider à la composition d'un dictionnaire. M. le Président répond que l'un des membres de la société, M. Cornillet, s'occupe d'un glossaire des mots qui ne sont plus en usage, mais qu'emploient encore fréquemment les habitants des campagnes. Il ajoute qu'il se prépare à Blois une importante publication, qui aura pour but de reproduire tous les mots, même les noms propres de la vieille langue franque et gauloise.

La société réitère le vœu déjà plusieurs fois formulé par elle, d'un lieu de dépôt pour ses archives et de la création d'un musée archéologique à Saint-Brieuc. A cette occasion, elle demande que les tombeaux des abbés de Beaulieu, déposés au collége, soient définitivement placés dans un local convenable.

S'appuyant d'une délibération expresse du conseil municipal sur cet objet, la société demande de nouveau et avec instance à l'autorité la suppression des fosses d'aisance publiques adossées contre l'une des plus jolies parties de la cathédrale. Elle la supplie de faire disparaître une construction aussi choquante pour la décence publique que compromettante poür la partie de l'édifice à laquelle elle se trouve accolée.

M. le Président fait part à l'assemblée d'une proposition du bureau, savoir : l'abaissement à 5 fr. de la cotisation annuelle, précédemment fixée à 10. Il pense que cette cotisation, à la portée de chacun, aura pour effet de procurer à la société un plus grand concours de membres.

Cette proposition, mise aux voix, est adoptée à l'unanimité.

La réunion du Congrès Breton devant avoir lieu l'an prochain à une époque qui n'est pas encore fixée, la société arrête qu'elle se mettra en rapport avec le congrès pour avoir à ce moment une réunion archéologique.

Ad. DE LA NOUE, Secrét.

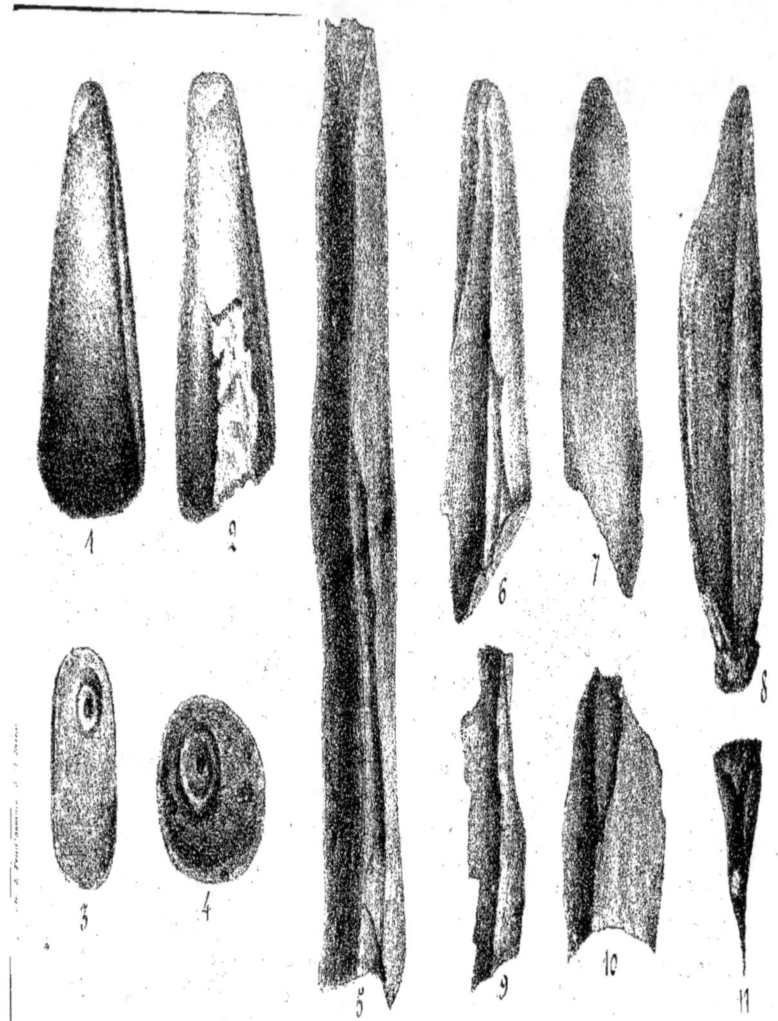

1,2. Casse tête. 3,4. Amulettes ou Médaillons. 5 grand Couteau en silex. 6,7,8,9, petits Couteaux en silex. 10 Fragment d'un grand couteau. 11 sorte de petite lamette.

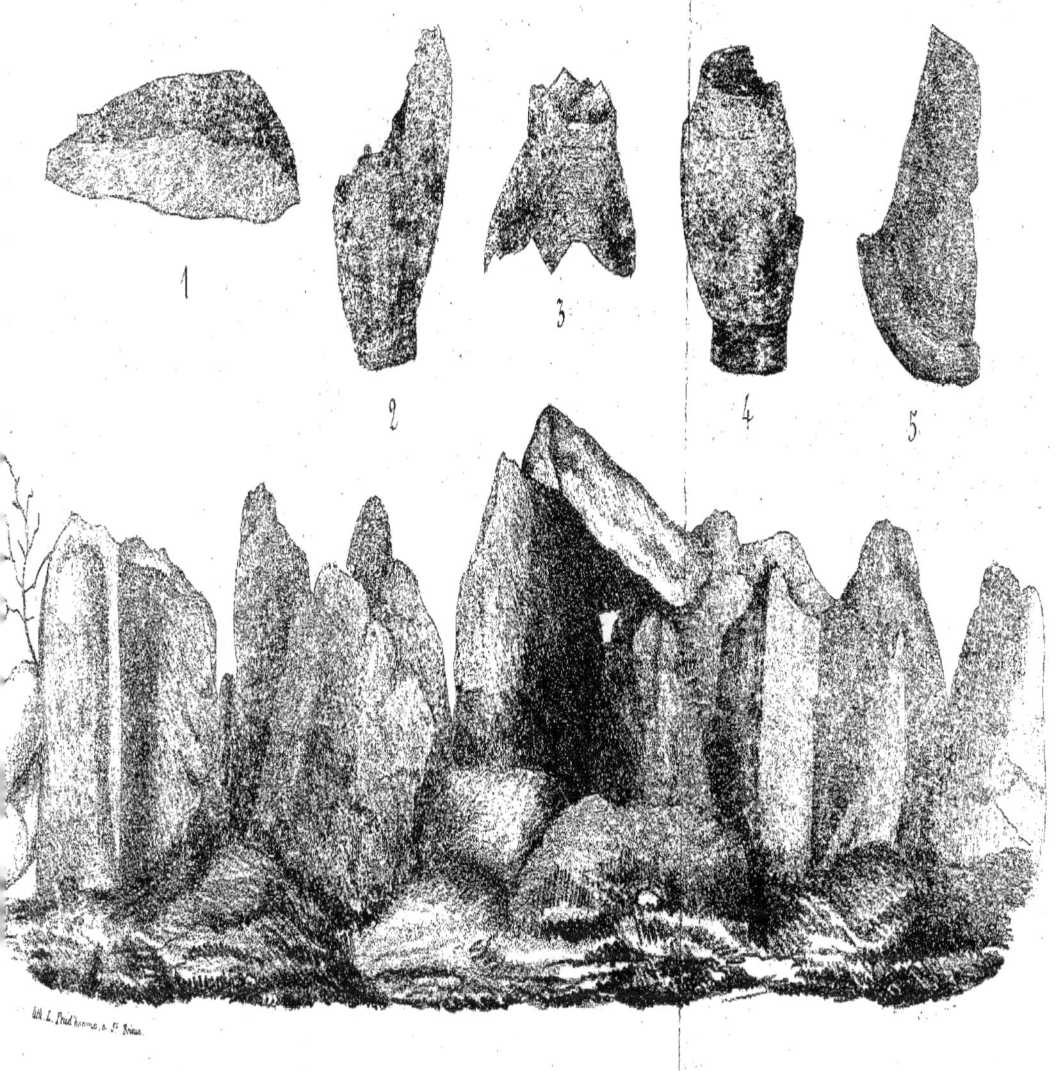

Monument de la Chêne-huit en St Aaron.

1. Couteau grossier en silex. 2 fragment d'urne. 3, bouton de couvercle. 4 autre fragment d'urne, 5 fragment de couvercle.

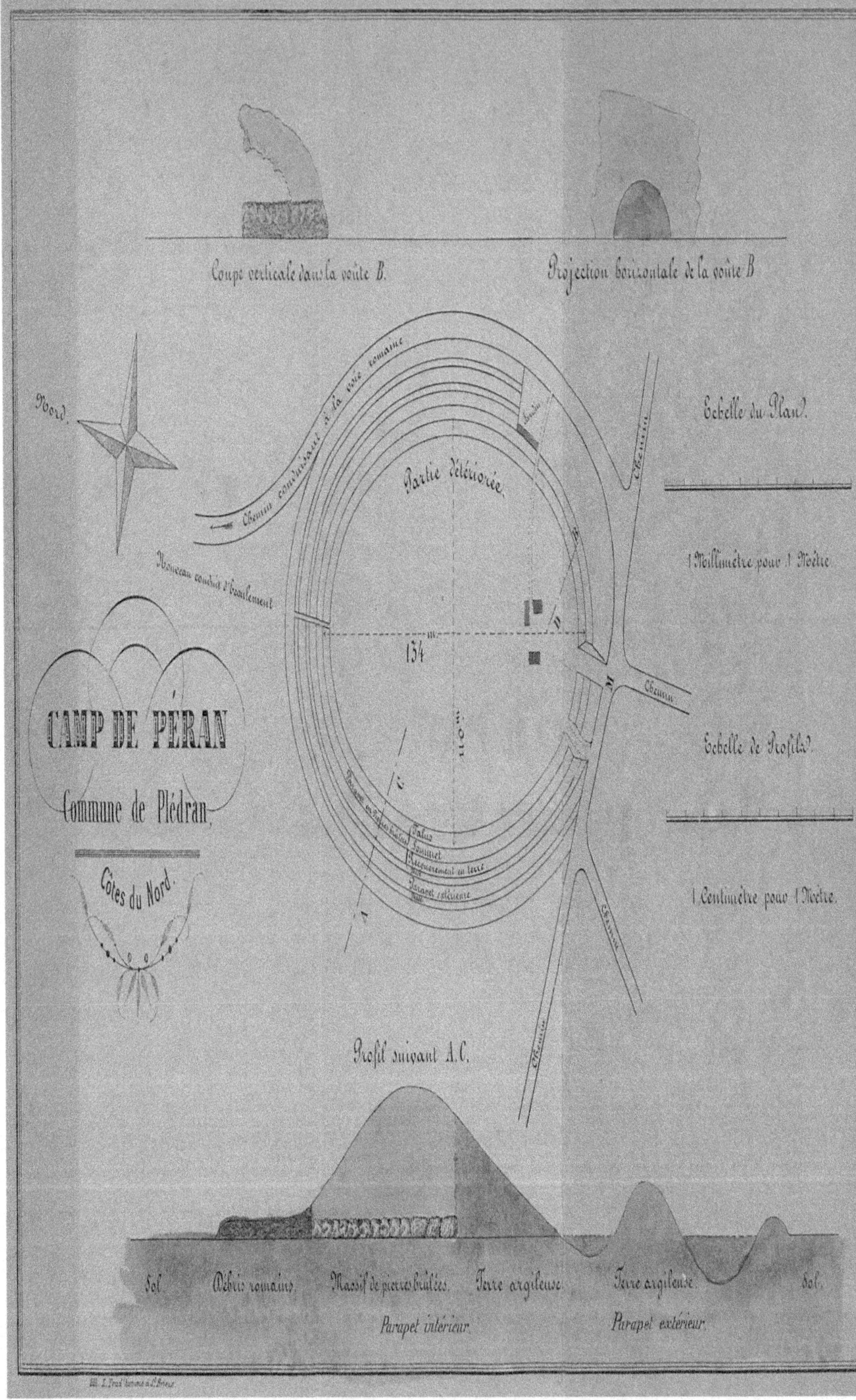

Coupe verticale dans la voûte B.
Projection horizontale de la voûte B
Nord.
Echelle du Plan.
1 Millimètre pour 1 Mètre.
Echelle de Profils.
1 Centimètre pour 1 Mètre.
Chemin conduisant à la voie romaine
Partie détériorée.
Nouveau couché d'éboulement
Chemin
Chemin
Chemin
Chemin
Chemin
154
110m
Talus
Sommet
Recouvrement en terre
Parapet extérieur
CAMP DE PÉRAN
Commune de Plédran.
Côtes du Nord.
Profil suivant A.C.
Sol.
Débris romains.
Massif de pierres brûlées.
Terre argileuse.
Terre argileuse.
Sol.
Parapet intérieur.
Parapet extérieur.